Wörterbuch des Protests

„Das Schlimmste ist die Gleichgültigkeit.“
Stéphane Hessel

Jens Kassner

Wörterbuch des Protests

Von Ablehnung bis Ziviler Ungehorsam

© 2021 Jens Kassner
Herstellung und Verlag: BoD – Books on Demand, Norderstedt
ISBN 9783753491936

Persönliche Vorbemerkungen

Es ist etwa zehn Jahre her, dass ich aus konkretem Anlass anfing zu recherchieren, welche Aktionsformen von Protest und Widerstand es gibt, welche davon für welchen Zweck brauchbar erscheinen, welche eher nicht, und was ganz auszuschließen ist. Über die Jahre wuchs die Materialsammlung, ich brachte sie in Tabellenform. Daraus erwuchs ein Konzept für ein Buch. Verlage zeigten Interesse, sprangen dann aber wegen der gegenwärtigen angespannten wirtschaftlichen Situation wieder ab. Also entschloss ich mich zum Eigenverlag.

Seit vor vielen Jahrtausenden mal ein früher Mensch einen Zaun baute und sagte, das da drin gehört mir, gibt es Widerstand. Vielleicht kann man auch Rangkämpfe in tierischen Gemeinschaften um die Hackordnung subsumieren, doch ist der Protest und Widerstand, den ich meine, ein Produkt der menschlichen Klassengesellschaft. Er kann sich ganz subtil im privaten Umfeld zeigen, oder mit einem gesamtgesellschaftlichen oder gar globalen Anspruch.

Die Formen und Mittel waren über lange Zeit die ziemlich gleichen, fast immer verbunden mit Gewalt. Seit dem 19. Jahrhundert, mit dem Übergang in die kapitalistische Industrie- und Konsumgesellschaft haben sie sich diversifiziert. In den letzten Jahrzehnten sind die Ausdrucksformen geradezu explodiert. Das hängt auch mit den gewachsenen Herausforderungen zusammen. Der amerikanische Politologe Francis Fukuyama prognostizierte nach dem Zusammenbruch des Ostblocks in den frühen 1990er Jahren ein „Ende der Geschichte" – was für eine Fehleinschätzung. Der Kalte Krieg lebt auf, Spannungen zwischen Wirtschaftsmächten eskalieren, Menschenrechte werden weltweit missachtet, die Emanzipation von Frauen und Minderheiten ist trotz mancher Fortschritte keinesfalls zufriedenstellend. Noch schlimmer: Der siegreiche Kapitalismus erweist sich nicht nur als unfähig, die ökologische Katastrophe abzuwenden, er treibt sie wegen seines immanenten Wachstumsdogmas voran.

Zu Beginn der 2010er Jahre gab es in vielen Ländern einen Aufschwung von Protesten: Occupy in den USA, Arabischer Frühling, Massendemonstrationen in Russland, Israel, Lateinamerika,

der Türkei. Der Impuls schien zu verpuffen oder sogar tragisch
in blutige Restauration umzuschlagen wie in Syrien, aber auch
mit dem Aufstieg der Rechten in Europa und einem Präsidenten
Trump in den USA.

Nun gibt es erneut eine Welle von Bewegungen sehr unter-
schiedlicher Art. Hoffnungsvoll dabei ist, dass eine junge Generation, deren Vorgänger sich in den vergangenen Jahrzehnten
entweder hedonistisch oder sehr angepasst und karriereorientiert
verhielten, sich der Probleme bewusst wird. Ein Symbol für dieses
Aufstehen ist Fridays for Future. Eine schwedische Teenagerin
hat es geschafft, eine weltweite Aktionsfront zu schaffen, zu der
heute Menschen jeden Alters und aller Professionen gehören und
deren Anliegen weit über den Klimaschutz hinaus geht.

Über zehn Jahre habe ich Material zu Aktionsformen von Protest
und Widerstand gesammelt, ohne zu werten. Beim Schreiben des
Manuskripts habe ich nachgedacht, wie man dennoch Wertun-
gen einbringen kann. Ich möchte eine gewisse Vollständigkeit
anstreben.

Es soll zwar ein kleines Nachschlagewerk mit Anregungen sein,
aber keinesfalls will ich zu Selbstverbrennung, Attentaten oder
Bürgerkriegen aufrufen. Die Idee, einzelne Einträge mit Symbolen
von 1 bis 5 für Legalität vs. Illegalität und Problemlosigkeit vs.
Lebensgefahr zu versehen, habe ich schließlich verworfen. Was
in demokratischen Gesellschaften Alltag ist, kann in autokrati-
schen Regimen mit Verhaftung, Folter und Tod geahndet werden.
Doch selbst bei solch banalen Sachen wie dem Containern gibt es
Unterschiede: in Deutschland strafbar, in Frankreich aber werden
Supermärkte bestraft, die Lebensmittel vernichten.

Apropos Neutralität: Beim Recherchieren und Schreiben habe
ich festgestellt, dass ich keine Aktionsformen finde, die von
Rechten erfunden wurden. Okay, vielleicht der Putsch. Aber selbst
dazu gibt es mit der portugiesischen Nelkenrevolution 1974 eine
Ausnahme. Aber alle wirklich innovativen Formen des Protests
und Widerstands kommen von links, werden von Rechten nur
angeeignet und adaptiert.

Eine Wertung ist sicherlich dennoch herauslesbar, schon im
Umfang der Beiträge. Mir kommt es darauf an, neue, bunte und

kreative Formen zu betonen, altbekannte nur in knapper Form zu erwähnen.

Dann steht aber noch die Gretchenfrage: Wie hältst du´s mit der Gewalt? Klare Antwort: Das kommt nicht in Frage. Bei aller berechtigten Kritik an Defiziten ist in demokratisch und rechtsstaatlich organisierten Gesellschaften Gewalt kein Mittel der politischen Arbeit mit Ausnahme unvermeidlicher Selbstverteidigung. Politische Gewalt ist die Ultima Ratio in Diktaturen, wenn nichts anderes mehr möglich ist. Aber hierzulande Autos anzuzünden, Scheiben einzuwerfen, Geschäfte zu plündern oder gar Personen anzugreifen hilft erstens nur den politischen Gegnern, die solche Vorfälle propagandistisch genüsslich ausschlachten, und zweitens der Exekutive, um Verschärfungen in ihren Maßnahmen begründen zu können.

Das muss unterschieden werden von der Frage, was legal ist. In bestimmten Fällen bin ich durchaus für die bewusste Ignoranz gegenüber Gesetzen, das Beispiel Containern hatte ich schon angeführt. Auf einer viel höheren Ebene hat beispielsweise Rosa Parks mit einer aktiven Verweigerung gegenüber Vorschriften erreicht, dass diese geändert wurden.

Die Sammlung der Protestformen hat garantiert Lücken, zu manchen Darstellungen wird es Widerspruch geben. Ich freue mich auf Resonanz, Kritik und Vorschläge.

Jens Kassner
April 2021

Aktionsformen von Protest und Widerstand

Ablehnung einer Ehrung
2008 erregte der Literaturkritiker Marcel Reich-Ranitzky Aufsehen, als er während der Zeremonie zur Verleihung des Deutschen Fernsehpreises die Annahme des ihm zugedachten Ehrenpreises ablehnte, um gegen die Qualität der Fernsehprogramme zu protestieren.

Bedeutsamer war aber die Rückgabe des MBE-Ordens (Member of the British Empire) durch John Lennon 1970 als Protest gegen den Vietnamkrieg, den Großbritannien an der Seite der USA unterstützte. Zuvor hatten bei der Verleihung dieses Ordens an die Beatles durch die Queen etliche bisher damit Geehrte die Auszeichnung zurückgegeben, da sie den Wert der Auszeichnung durch die Vergabe an populäre Musiker herabgewürdigt sahen.

Die Verleihung des deutschen Musikpreises Echo boykottierten schon 2013 mehrere Bands aus Protest gegen die Preisvergabe an die für ihre nationalistischen Texte bekannte südtiroler Band Frei.Wild. Im Jahr 2018 kam es zum Eklat, weil Kollegah und Farid Bang den Preis erhalten sollten. Die Ablehnung durch mehrere andere Nominierte führte letztlich zur endgültigen Einstellung dieses Preises.

Abseilen
Im November 2020 seilten sich Umweltschutz-Aktivisten von mehreren Autobahnbrücken ab, um gegen den umstrittenen Ausbau der BAB 49 in Hessen zu protestieren, dem ein altes Waldgebiet zum Opfer fällt. Durch diese Aktionen wurde eine zeitweilige Sperrung der Verkehrswege erzwungen. Bei früheren Abseilprotesten hat es aber auch schon Unfälle gegeben.

Adbusting
Es handelt sich um eine spezifische Form von >Street Art, die Werbung (engl.: advertisement, kurz: Ad) im öffentlichen Raum zerstört, häufiger aber verfremdet und ironisiert. Großplakate und andere Werbeinstrumente werden beispielsweise im Sinne von

Collagen ergänzt, so dass sich ein anderer Sinn ergibt. Hauptanliegen ist die Kritik an Konsumverhalten und Kaufzwang.

Aktionskunst
Diese spezielle Ausprägungsform der >Kunst eignet sich wegen ihres dynamischen Charakters besonders für die Artikulation gesellschaftlicher Anliegen. Verbreitetste Formen sind >Performance, Action Painting und Happening. Die Grenzen zu anderen Kunstsparten wie dem Straßentheater sind fließend. Manche Künstler gehen aber viel weiter und organisieren Aktionen von unmittelbarer gesellschaftlicher Relevanz.

Ein Musterbeispiel dafür ist die US-amerikanische Gruppe Yes-Men, deren Kern Jacques Servin und Igor Vamos bilden. Wiederholt haben sie sich als Vertreter internationaler Organisationen oder großer Konzerne ausgegeben und sind in deren Namen bei Konferenzen mit absurden Vorträgen aufgetreten. Zu den bekanntesten Aktionen gehört die Herausgabe einer auf den 4. Juli 2009 datierten und originalgetreu aussehenden Ausgabe der New York Times im November 2008, in welcher das Ende des Irak-Krieges verkündet wird, Condoleezza Rice sich für ihre falschen Aussagen zur Begründung dieses Krieges entschuldigt etc. Die Zeitung wurde in 1,2 Millionen gedruckten Exemplaren verteilt und im Internet zum Download bereitgestellt.

Eine weniger berühmte, aber ebenfalls erfolgreich im Sinne der Provokation arbeitende Gruppe ist seit 2005 „Voina" („Krieg") aus St. Petersburg. Unter anderem schaffte sie es, auf die Fahrbahn der schon hochfahrenden Klappbrücke über die Newa in der Nacht zum 1. Juni 2010 unter dem Titel „Schwanz, ein KGB-Häftling" einen riesigen Phallus zu malen. Bei einer anderen Aktion gingen weibliche Mitglieder der Gruppe auf russische Milizionärinnen zu, um sie öffentlich heftig zu knutschen.

Zu „Voina" gehört auch die Frauen-Punk-Band Pussy Riot, deren Köpfe 2012 zu zwei Jahren Lagerhaft wegen eines provokanten Punk-Gebets in der Moskauer Erlöser-Kathedrale verurteilt wurden.

Auch in Deutschland haben sich in den letzten Jahren Gruppen für politische Aktionskunst etabliert. Zu den bekanntesten gehören das Zentrum für politische Schönheit (ZPS) sowie Peng! und Frankfurter Hauptschule.

Eine der aufsehenerregenden Aktionen des ZPS war die heimliche Errichtung eine Mini-Holocaust-Mahnmals unmittelbar vor
dem Wohnhaus des rechtsradikalen AfD-Politikers Björn Höcke
2017. Viele Aktionen richten sich gegen Rechte, aber auch gegen
die bigotte Flüchtlingspolitik von Bundesregierung und EU.

Peng! Übernimmt zum Teil Methoden der Yes-Men, so informierten sie 2015 auf einer Pressekonferenz als angebliche
Vattenfall-Vertreter, Verantwortung in den Braunkohlerevieren der
Lausitz zu übernehmen. Mit dem Projekt „Intelexit" forderten sie
Mitarbeiter verschiedener Geheimdienste auf, aus dieser Tätigkeit
auszusteigen.

Die Frankfurter Hauptschule wurde mit einer „Heroin-Performance" gegen die Gentrifizierung des Bahnhofsviertes in Frankfurt
a.M. bekannt. Andere Aktionen persiflieren den Kunstbetrieb oder
Goethes Frauenbild, sein Weimarer Gartenhaus wurde mit Massen
von Klopapierrollen beworfen.

Alternative Ehrungen

Am bekanntesten ist der Alternative Nobelpreis, den eine Organisation vergibt, um Kritik an den oft fragwürdigen Entscheidungen
des offiziellen Komitees bei der Vergabe des Friedensnobelpreis
auszudrücken. Auch auf regionaler und lokaler Ebene können alternative Preise offizielle Ehrungen konterkarieren. Da die Verleiher zumeist keine finanziellen Mittel haben, ist die Ehrung
überwiegend von symbolischem Charakter.

Alternative Ökonomie

Wirtschaftsformen, die der dominanten kapitalistischen Warenproduktion kritisch oder direkt ablehnend gegenüberstehen, gibt
es viele. Das Widerstandspotential ist aber sehr unterschiedlich
ausgeprägt, häufig möchten die Akteure auch nicht aktiv Widerstand leisten.

Ein klassisches, seit mehr als 150 Jahren existentes Beispiel
sind autonome und selbstverwaltete Genossenschaften. Umsonstläden, Volxküchen, Tauschbörsen (>Bartering) oder Gemeinschaftsgärten sind jüngere Formen zum partiellen Unterlaufen
der kapitalistischen Produktionsweise wie auch die kostenlose
Freigabe von Informationen, Anleitungen, Dateien oder materiellen Objekten wie etwa mit dem Betriebssystem Linux oder der

Wissensplattform Wikipedia. Projekte mit dem Attribut „Open"
sind zumeist dieser alternativen Ökonomie zuzurechnen.

Alternative Währung

Nicht nur Zentralbanken dürfen Währungen ausgeben, jeder kann
es. Am bekanntesten ist die weltweit gehandelte Kryptowährung
Bitcoin, aber es gab und gibt auch diverse lokale Währungen.
In Deutschland ist der Chiemgauer in Südost-Bayern am be-
kanntesten, 2003 geschaffen. Daneben wurden rund 50 solcher
Regiowährungen gezählt, manche sind nur kurzlebig.

Zumeist wird 1:1 gegen die offizielle Währung getauscht. Die
Wirksamkeit hängt davon ab, wie viele Geschäfte und Dienstleister das Zahlungsmittel akzeptieren. Häufig haben die Geldscheine
eine begrenzte zeitliche Gültigkeit, um die Rotation zu fördern,
einem Ansammeln entgegenzuwirken. Solche Regiowährungen
können als Elemente einer >alternativen Ökonomie angesehen
werden, auch wenn sie dem kapitalistischen Sysdtem der Warenwirtschaft angehören.

Aneignung

Im Unterschied zur >Besetzung ist die Aneignung auf dauerhafte
Nutzung oder Nutzungsverhinderung gerichtet, also im Endeffekt
auf eine Änderung der formellen Eigentumsrechte.

Annonce

Bezahlte Anzeigen in Zeitungen oder Zeitschriften können
Appelle an die Mitmenschen zu bestimmten Handlungen oder
Haltungen sein. Ironische Annoncen aber sollen zur Irritation
und zum Nachdenken anregen. Häufig handelt es sich um fiktive
Todesanzeigen für eine bestimmte Sache wie z.B. die Demokratie
oder von der Schließung bedrohte Einrichtungen. Auch fiktive
Stellenanzeigen mit drastischen, die Ausbeutung in den darge-
stellten Unternehmen aufzeigenden Beschreibungen der Arbeitsbedingungen existieren.

Anschlag
>Attentat, >Terrorismus

Anzeige

Die Anzeige von Personen wegen der vermuteten Verletzung von Gesetzen ist durch die Möglichkeit der Nutzung von Online-Formularen sehr vereinfacht worden, nicht aber die Chance der tatsächlichen Strafverfolgung durch die Staatsanwaltschaft. Werden aber Strafanzeigen gegen bekannte Vertreter des politischen Lebens publik, kann schon dies Wirkung zeigen, selbst wenn kein Prozess folgt.

Attentat

Ursprünglich ist damit die Ermordung von Führern und Repräsentanten von Staaten oder Institutionen gemeint. Der Tyrannenmord ist seit der Antike ein Mittel der gesellschaftlichen Einflussnahme von der Story um die Enthauptung des Holofernes durch Judith bis zu Cäsars Tod.

Legendäre Attentate der Neuzeit sind die Ermordung des habsburgischen Thronfolgers 1914 in Sarajevo, die als Auslöser für den Ersten Weltkrieg genommen wurde, die Anschläge auf Hitler von Georg Elser 1939 und Claus Schenk Graf von Stauffenberg 1944 und die Ermordung John F. Kennedys 1961 in Dallas. Die Attentate auf den israelischen Ministerpräsidenten Jitzchak Rabin 1995 und den schwedischen Ministerpräsidenten Olof Palme 1996 sind weitere berühmte Beispiel der jüngeren Geschichte.

Heute sind, statistisch gesehen, die meisten Attentate terroristische Selbstmordanschläge. Häufig richten sie sich gegen Personen oder Einrichtungen des eigenen Staates oder einer Besatzungsmacht bzw. gegnerischer Staaten. Doch nicht selten sind die Opfer Unbeteiligte, um ein allgemeines Klima der Angst zu schaffen. In Bezug auf die Zahl der Opfer waren die mit Flugzeugen verübten islamistischen Attentatte vom 11. September 2001 in den USA die schwersten.

Doch auch heute gibt es gezielte Attentate wie die Ermordung des Kasseler Regierungspräsidenten Walter Lübcke 2019 durch einen Rechtsextremisten.

Aufblasbare Objekte

Bei manchen Demonstrationen gegen die Politik des US-Präsidenten Donald Trump wurde eine große mit Helium gefüllte Puppe des Politikers im karikierender Absicht mitgeführt.

Ein anderes Beispiel sind die pneumatischen Pflastersteine, die Artúr van Balen von der Gruppe Tools for Action entworfen hat, welche in Barcelona, Berlin und anderen Städten bei Aktionen zum Einsatz kamen. Eine weit verbreitete Form sind >Luftballons.

Aufkauf von Ressourcen

Die Bewohner des Ortes Ostritz in Ostsachsen kamen 2019 auf die ungewöhnliche Idee, die Gäste eines Rechtsrock-Festivals zu verärgern, indem sie sämtliche Vorräte alkoholischer Getränke in den Verkaufsstellen der näheren Umgebung aufkauften.

Im Februar 2020 versuchten Kleinanleger, Hegdefonds durch massenhafte Ankäufe des von der Pleite bedrohten Spieleanbieters Gamestop in die Knie zu zwingen.

Aufkleber

Selbstklebende Papier- oder Kunststoffzettel, im Jargon linker Gruppierungen auch Spucki genannt, sind ein universelles, doch deshalb auch inflationär wirkendes Mittel, um Meinungen, Haltungen oder Ideen publik zu machen.

Der Aufkleber im öffentlichen Raum (z.B. auf dem eigenen Fahrzeug oder der Kleidung) kann eine konkrete Aussage in Form eines Slogans oder Bildes transportieren oder bloßes Symbol sein. In massenhafter Anwendung stellt er eine Art von >Besetzung dar.

Aufruf

Der schriftlich oder als Video bzw. Audiodatei verbreitete Aufruf ist im Grunde genommen nur die Vorbereitung für weitere Handlungen, denen sich möglichst viele Personen anschließen sollen. Je nach Umfang können im Aufruf aber auch schon wesentliche Ziele und Forderungen kommuniziert werden. Der Aufruf kann sich aber auch direkt an die Adressaten des Protests richten und hat in diesem Falle vor allem Sinn, wenn er von bekannten Persönlichkeiten kommt.

Aufstand

Sofern der Begriff nicht symbolisch gemeint ist („Aufstand der Anständigen", vom damaligen Bundeskanzler Gerhard Schröder im Oktober 2000 nach dem Brandanschlag auf die Düsseldorfer

Synagoge gefordert), ist ein Aufstand auf eine radikale Änderung der gesamtgesellschaftlichen Verhältnisse gerichtet.

Falls der Aufstand nicht schnell von den Machthabern niedergeschlagen werden kann, mündet er in eine >Revolution, oder bei Unentschiedenheit der Kräfte in einen >Bürgerkrieg.

Normalerweise kommen Aufstände spontan zustande, wenn ein bestimmter Anlass (der manchmal nur in einem Gerücht bestehen kann) eine angespannte Situation zur Explosion bringt. Ein Aufstand kann auf die Verbesserung der Lage einer bestimmten Gruppierung, zum Beispiel von Häftlingen bei einem Gefängnisaufstand, gerichtet sein. Häufig wird aber eine Umwälzung der Gesellschaft angestrebt wie beim „Arabischen Frühling" in Tunesien, Ägypten und anderen arabischen Ländern 2011.

Von einem Aufstand mit konkreten Forderungen ist die anarchische Revolte, im deutschen Sprachgebrauch heute häufig mit dem englischen Begriff >Riot bezeichnet, zu unterscheiden.

Auktion

Eine „Antifaschistische Auktion" wurde im August 2020 vom Künstlerkollektiv Peng! in den Kunstsammlungen Chemnitz durchgeführt. Der Name spielt auf die Antifaschistische Aktion an. Versteigert wurden Objekte, die im Kampf gegen Rechtsradikalismus eine Rolle gespielt haben. Der Erlös ging an gemeinnützige Einrichtungen der Stadt. Zu den Objekten gehörte eine rote Farbspraydose, welche das Kollektiv der Antifaschistin Irmela Mensah-Schramm abgekauft hatte. Die Seniorin übersprüht in vielen Städten Nazi-Symbolik und wurde dafür mehrfach angeklagt.

Die >Aktionskunstgruppe Zentrum für politische Schönheit (ZPS) führte 2009 mit einer Ebay-Versteigerung von Angela Merkel und Frank-Walter Steinmeier eine ihrer ersten spektakulären Aktionen durch.

Siehe auch >Fiktive Versteigerung.

Ausklatschen

Eine spezielle Form des >Störens von Veranstaltungen ist das Ausklatschen. Was zunächst wie zustimmender Beifall wirkt, endet nicht und führt schließlich zum Abbruch der Veranstaltung.

Austritt

Aus Parteien, Gewerkschaften oder politischen Organisationen
auszutreten, weil man sich mit deren grundsätzlicher Haltung
oder einzelnen Aktionen nicht (mehr) identifizieren kann, ist
immer eine Form von Protest. Besonders wirksam aber ist er,
wenn bekannte Persönlichkeiten ihre Begründung für den Austritt
veröffentlichen. Zur Zeit hat vor allem die katholische Kirche Probleme mit Austritten wegen der nicht ernsthaft aufgearbeiteten
Affären sexuellen Missbrauchs.

Autocorso

Es ist eine spezifische Form der spontanen oder genehmigten
>Demonstration mit Kraftfahrzeugen. Eine spezielle Variante ist
der Protest von Bauern mit Traktoren oder von Fuhrunternehmern
mit LKWs, die wegen der Größe der Fahrzeuge als >Blockade
bezeichnet werden können.

Barrikade

Eine Barrikade ist eine Straßensperre, die das Vorrücken von
Vertretern der Exekutive oder von verfeindeten Gruppierungen
verhindern bzw. aufhalten soll. Sie werden überwiegend aus
vorgefundenem Material wie Pflastersteinen, Sperrmüll, Paletten
oder auch geparkten Fahrzeugen errichtet. Um die Wirkung zu
erhöhen, können Barrikaden auch in Brand gesteckt oder bewaffnet verteidigt werden.

Bartering

Das englische Verb to barter bedeutet tauschen. Bartering ist
eine Art der Rückkehr zum Tauschhandel ohne Geld mit dem Ziel,
die Warenproduktion und den monetären Handel als Grundlage
des kapitalistischen Wirtschaftssystems subversiv zu unterwandern. Dinge oder Leistungen werden auf direkte Weise gegenein-
ander getauscht, manchmal auch im Ringverkehr, vermittelt durch
gemeinnützige Agenturen. Bartering ist eine Form der >Alternati-
ven Ökonomie und des Antikapitalismus.

Bed In

John Lennon und Yoko Ono veranstalteten im Mai 1969 ein „Bed
In" als Protest gegen den Vietnamkrieg. Sie empfingen, leicht

bekleidet im Bett des Elizabeth Hotel Montreal liegend, Vertreter
der Medien zum Interview.

Befehlsverweigerung

Für Angehörige der Armee, Polizei oder anderer Organe der staatlichen Exekutive stellt die Befehlsverweigerung aus moralischen
Beweggründen ein radikales Mittel des Widerstandes dar, die
üblicherweise zur Bestrafung des Verweigerers führt, manchmal
bis zur Hinrichtung. Im Unterschied zu vielen anderen Formen
des Widerstandes kann die Befehlsverweigerung nur selten auf
die öffentliche Wirkung setzen, wird deshalb manchmal gar nicht
oder erst viel später bekannt.

Befreiung

Die gewaltsame Befreiung von Menschen, speziell politischen Ge-
fangenen, ist ein radikales Mittel im Vergleich zu eher symbolischen >Tierbefreiungen aus Farmen oder Versuchsstationen durch
Tierschützer oder symbolische Feldbefreiungen durch Gegner der
Gentechnologie.

   Die Befreiung von politischen Häftlingen muss aber nicht unbe-
dingt gewaltsam stattfinden. Durch Appelle, >Demonstrationen,
>Petitionen und andere Aktionen, zumeist auf internationaler
Ebene, gelingt es manchmal auch, die Freilassung prominenter
Gefangener zu erreichen.

Beschimpfung

Im Alltag stellt die Beschimpfung die allgemeine, niederschwelli-
ge Form des subjektiven Protestes dar, ist aber dennoch als Beleidigung oder Verleumdung strafrechtlich relevant. Gleiches gilt bei
der Beschimpfung als Mittel der politischen Auseinandersetzung,
sofern nicht glaubhaft die Form der >Satire nachgewiesen werden
kann. Ein spektakuärer Fall war eine Fernsehsatire Jan Böhmer-
manns 2016, in welcher er den türkischen Autokraten Erdogan
verunglimpfte. Deutsche Gerichte werteten dies als künstlerische
Freiheit.

   Von Beschimpfungen beleidigt sein können im juristischen
Sinne nur Einzelpersonen oder Gruppen mit der Fähigkeit zur
kollektiven Willensbildung, weshalb laut Gerichtsbeschlüssen der
Slogan ACAB (All Cops Are Bastards) nicht strafbar ist.

Besetzung

Da seit der Herausbildung des Privateigentums am Ausgang der Urgesellschaft dieses als eine Grundlage der meisten Gesellschaftsordnungen angesehen wird, ist die Verletzung juristisch festgesetzter oder vermeintlicher Eigentumsrechte ein grundlegendes Mittel des Widerstandes.

2011 erregte die Bewegung „Occupy Wallstreet" Aufsehen, die den antikapitalistischen Protest in ein Machtzentrum des internationalen Kapitals brachte.

Während die Occupy-Aktionen aber zumeist symbolischen Charakter haben oder einer >Blockade ähneln, sind echte Besetzungen durch eine zeitweilige oder auf eine längere Dauer ausgerichtete Verletzung der formellen Eigentums- und Nutzungsrechte gerichtete Maßnahmen. Am bekanntesten sind die Hausbesetzungen, die in Westdeutschland in den 1970er und 80er Jahren, und nach 1990 in Ostdeutschland in vielen Städten sowohl als Mittel der Umsetzung alternativer Lebensformen als auch zum Zweck des politischen Widerstandes praktiziert wurden und punktuell heute noch werden.

In mehreren lateinamerikanischen Ländern und anderen Weltregionen gab und gibt es Besetzungen von landwirtschaftlich nutzbarem Gelände, um das eigene Überleben zu sichern. Auch Industriebetriebe können von der Belegschaft gegen den Willen des Managements besetzt werden, um eine Schließung zu verhindern.

Unter autoritären Situationen können Besetzungen auch das Signal für weiterreichende gesellschaftliche Aktionen sein, so im November 1973 die Besetzung der Technischen Universität Athen durch Studenten. Diese wurde zwar blutig niedergeschlagen, war aber das Signal für Massenaktionen, die zum Sturz der Militärjunta im folgenden Jahr führte.

Besetzungen können auch von rechten bis rechtsradikalen Bewegungen ausgehen. Im Januar 2021 erregte die Stürmung des Kapitols, also des Parlaments der USA, durch rechte Demonstranten Aufsehen, die eine Amtsübergabe der Präsidentschaft von Donald Trump an Joe Biden verhindern wollten. Im August 2020 hatten schon sogenannte „Querdenker" versucht, den Berliner Bundestag zu entern.

Bewegung

Gesellschaftskritische Bewegungen haben normalerweise keine
feste Organisationsstruktur. Sie entstehen spontan, können aber
auch in Parteien oder Organisationen bis hin zu militärischen
Einheiten führen wie in den antikolonialen und antiimperialisti-
schen Befreiungsbewegungen des 20. Jahrhunderts.

Zu den heute bekanntesten Bewegungen gehören Fridays for
Future zum Schutz des Klimas, Blacklivesmatter für die Rechte
Schwarzer Personen und MeToo zur Ächtung und Bestrafung sexu-
eller Nötigung und Gewalt.

Doch auch rechte bis rechtsradikale Bewegungen haben in den
letzten Jahren einen Aufschwung erlebt, vor allem die nationalis-
tisch-rassistische Identitäre Bewegung in mehreren europäischen
Ländern. In den USA hatte die Tea Party – eine extrem konservative Strömung – zum Wahlerfolg Donald Trumps 2016 beigetra-
gen.

Blackboard/Wandzeitung

In Gebäuden oder im Freiraum kann es Wandzeitungen geben, an
der jeder Passant Mitteilungen, Stellungnahmen, Informationen,
Thesen etc. hinterlassen kann. Im übertragenen Sinne kann es
sich auch um ein Diskussionsforum im Internet handeln. Bei der
Hongkonger Demokratiebewegung sind Wandzeitungen mit Informationen und Dokumentationen ein wichtiges Mittel der internen
Kommunikation.

Blasphemie

Blasphemie, also Gotteslästerung, hat in den christlich geprägten Kulturen seit der Aufklärung und der damit verbundenen
fortschreitenden Säkularisierung der Gesellschaft an Bedeutung
verloren. Zuvor wurde sie nicht selten mit dem Tode bestraft.
Gotteslästerung konnte auch in Form wissenschaftlicher Thesen
verhängnisvoll sein, die nicht zur biblischen Überlieferung pass-
ten, so im Fall Galileo Galilei.

Zwar ist das 1870 von Papst Pius IX. durchgesetzte Unfehlbar-
keitsdogma noch immer nicht formell aufgehoben, doch wegen
des immer weiter schwindenden Einflusses des katholischen
Kirche hat es praktisch kaum noch Bedeutung. Der 2021 verstor-
bene Theologe Hans Küng, der dieses Dogma kritisierte, hatte

aber bis an sein Lebensende Lehrverbot zumindest in kirchlichen Hochschulen.

In islamisch geprägten Staaten und allgemein unter Muslimen ist Blasphemie auch heute ein Akt des Widerstandes, auch wenn das die Akteure nicht immer beabsichtigen. Der indisch-britische Schriftsteller Salman Rushdi wurde 1989 für seinen Roman „Die satanischen Verse" vom iranischen Machthaber Chomenei mit einer Fatwa, also einem symbolischen Todesurteil, belegt und musste für lange Zeit untertauschen. Auch Mohammed-Karikaturen, die in verschiedenen europäischen Zeitschriften erschienen, wurden von islamischen Regierungen und vielen Gläubigen als Blasphemie empfunden und mit gewaltsamen Protesten beantwortet.

Blockade

Die am häufigsten angewandte Form der Blockade ist die Besetzung von Verkehrsraum durch Demonstranten, ggf. auch unter Zuhilfenahme von Fahrzeugen oder Gegenständen bis hin zu >Barrikaden, um entweder Organe der Staatsmacht oder politische Gegner an der Umsetzung ihrer Vorhaben zu hindern. Die juristische Zulässigkeit ist umstritten.

Berühmt geworden sind die Blockaden des Raketenstützpunktes Mutlangen der US-Armee. Gegen die Stationierung von Pershing II -Raketen ab 1993 wurde die Zufahrt zur Basis wiederholt blockiert, u.a. durch bekannte Persönlichkeiten wie Petra Kelly oder Walter Jens. Fast 3000 Blockierer wurden zu Strafen verurteilt, das Bundesverfassungsgericht hob diese Urteile aber später wieder auf.

Bekannte Beispiele der Gegenwart sind die Blockaden der Castor-Transporte radioaktiven Materials ins niedersächsische Zwischenlager Gorleben durch Atomkraftgegner und Bewohner der Region Wendland. Dabei werden häufig radikale Blockademethoden angewandt wie das Anschweißen angeketteter Demonstranten an Eisenbahnschienen oder das Einbetonieren ihrer Hände und Beine auf der Bahnstrecke.

Ein besonders heldenhafter Versuch einer Blockade war, als sich 1989 ein namentlich nicht bekannter Mann auf dem Pekinger Tiananmen-Platz vor die aufrückenden Panzer stellte, um sie zu stoppen.

Blockaden sind außerdem das typische Mittel zur Verhinderung oder Verzögerung von Demonstrationen rechtsradikaler Organisationen. Zumeist setzen sich dabei die Gegendemonstranten auf die geplante Demonstrationsroute.

Geht eine Blockade von Staaten aus, kann auch ihr Durchbrechen ein Mittel des Widerstandes sein. Beim Versuch, die israelische Blockade des palästinensischen Gazastreifens mit einem türkischen Schiff zu durchbrechen, wurden 2010 durch die israelische Armee neun Menschen getötet.

Bombendrohung

Mit der zumeist anonymen Androhung einer versteckten Bombe in öffentlichen Gebäuden, im belebten Freiraum, Betrieben oder Fahrzeugen kann man Abläufe längerfristig stören, hohe Kosten verursachen oder sogar Panik auslösen. Das Abstellen von Koffern oder Paketen hat eine ähnliche Wirkung. Solche Aktionen sind grundsätzlich illegal und strafbar.

Boykott

Die typische Art des Boykotts als politisches Mittel ist der Aufruf, Waren eines Landes oder eines Unternehmens nicht zu kaufen. Aufsehen erregte 1995 der Boykott von Shell-Tankstellen (in Kombination mit anderen Protestformen), um die Versenkung der Öllagerplattform Brent Spar in der Nordsee zu verhindern, der zum Erfolg führte.

Soll ein Staat durch Beschlüsse internationaler Organisationen per Boykott zu politischen Schritten gezwungen werden, wird dies zumeist als Embargo bezeichnet.

Gegenwärtig ist die BDS-Bewegung heftig umstritten. Sie ruft wegen der israelischen Siedlungs- und Okkupationspolitik zu einem Boykott von Produkten aus den besetzten Gebieten oder auch auch aus ganz Israel auf.

Der Begriff Boykott geht auf Charles Cunningham Boycott zurück, einem für seine Brutalität bekannten Gutsverwalter in Irland. Im November 1880 verweigerten Pächter und Dienstleister jede Zusammenarbeit mit ihm.

Brandstiftung

Die ersten Aktionen der linksterroristischen Roten Armeefrakti-
on in den späten 1960er Jahren bestanden darin, Kaufhäuser in
Brand zu stecken.

Traditionell ist die Brandstiftung sowohl ein Mittel von Pogro-
men gegen Minderheiten, wie in der sogenannten „Reichskris-
tallnacht" am 9. November 1938 gegen Synagogen und andere
jüdische Einrichtungen, aber auch bei spontanen >Riots vor allem
in Großstädten. Dabei werden häufig öffentliche Einrichtungen
bis hin zu Regierungsgebäuden und Parlamenten, aber auch Geschäfte in Brand gesteckt.

Durch Rechtsradikale wurden seit den 1990er Jahren in Deutschland häufig Asylunterkünfte oder Wohnheime und Häuser von Migranten angezündet, zum Teil mit Todesopfern.

Gezielte Serien von Brandstiftungen radikaler Linker richten sich
zumeist gegen Fahrzeuge von Polizei und Militär oder auch von
unliebsamen Politikern bzw. Bauunternehmen, denen ein Vor-
schub der Gentrifizierung vorgeworfen wird.

Bürgerkrieg

Kommt bei einem >Aufstand oder einer >Revolution keine schnelle Veränderung der Machtverhältnisse oder eine Restauration zustande, ist häufig ein Bürgerkrieg die Folge. Er führt nach mehr
oder weniger langen Auseinandersetzungen zum Sieg einer Seite,
kann wegen Ermattung aller Beteiligten abflauen oder durch
Eingreifen fremder Mächte in einen regulären Krieg führen.

In Lateinamerika führten 1958 in Kuba und 1979 in Nicaragua
die Bürgerkriege zu einem Sieg der Rebellen, in anderen Ländern wie z.B. El Salvador zu einer Restauration. Im sogenannten
„Arabischen Frühling" ab 2011 kam es in Libyen und Syrien
zu Bürgerkriegen. In Libyen wurde durch die Intervention von
NATO-Staaten ein fragiler Umsturz befördert. In Syrien griffen auf
beiden Seiten ausländische Mächte ein, das Assad-Regime hat
sich zunächst an der Macht halten können.

Büttenrede

In mehreren Regionen Deutschlands hat sich zum Karneval die
Büttenrede, bei welcher der Redner in ein echtes oder symbo-
lisches Fass (die Bütt) steigt, als Mittel der ironischen Kritik

etabliert. Die häufig anzutreffende Kopfbedeckung mit einer
dreizipfligen Narrenkappe verdeutlicht dabei die Tradition der
Hofnarren an mittelalterlichen bis barocken Höfen. So wie der
Spott dieser >Narren bleibt auch die Büttenrede sowohl straffrei
wie auch folgenlos.

Bummelstreik

Bei diesem nicht angemeldeten Streik wird bewusst langsam
gearbeitet. Eine spezifische Form ist der >Dienst nach Vorschrift.

Button

Der Button ist ein aus Blech oder Plastik gefertigter Anstecker,
der Symbole oder Slogans tragen kann. Die Wirksamkeit ist dann
hoch, wenn eine Gruppe von Personen bei öffentlichen Anlässen
den gleichen Button trägt. So erregte es Aufmerksamkeit und
Widerspruch, als mehrere Abgeordnete der Linkspartei 2020 im
Bundestag mit Antifa-Buttons auftraten.

Camp

Ein aus Zelten, Wagen oder provisorischen Hütten gebildetes
Camp kann entweder andere Protestformen wie >Blockaden oder
>Demonstrationen begleiten oder selbst ein Mittel der symboli-
schen und realen Besetzung von öffentlichem oder privaten Raum
sein.

  Berühmt wurden die Camps auf dem Kairoer Tahrir-Platz im
Januar 2011 sowie im gleichen Jahr im Stadtzentrum von Madrid,
wo die Acampada-Bewegung ihren Ausgang nahm. Auch die zuerst in mehreren US-amerikanischen Städten initiierte Occupy-Be-
wegung nutzte Camps als wichtigstes Mittel des Widerstandes,
u.a. mit dem bekannten, später geräumten Lager im New Yorker
Zucotti-Park. In Kiew gab es 2014 auf dem Maidan-Platz über
mehrere Wochen ein Camp.

  Ein bekanntes jüngeres Beispiel, hier auf lokale Ziele ausgerichtet, ist die gewaltsame Räumung des Camps im Hambacher Forst
2019, das Umweltaktivisten errichtet hatten, um die Abholzung
des alten Waldes für einen Kohletagebau zu verhindern.

Canceln

2020 wurde „Cancel Culture" zu einem heftig umstrittenen
Schlagwort. Es geht um die im Sinne einer >Political Correctness
durchgeführten Behinderung oder Verhinderung von öffentlichen
Auftritten politisch missliebiger Personen oder der Brandmarkung
von Presse-, TV- und Rundfunkbeiträgen mit dem Ziel, die Akteu-
rinnen und Akteure aus Dienstverhältnissen zu entfernen oder
generell zur persona non grata zu erklären.

   Neben dem >Boykott bzw. der >Blockade von Veranstaltungen
sowie der Androhung von Gewalt gehört vor allem der >Shit-
storm in Sozialen Netzwerken zu den wichtigsten Mitteln der
Cancel Culture.

Carwalking

Das Laufen über geparkte Autos als Protest gegen den ausufern-
den individuellen Verkehr und speziell das Zuparken von Fuß- und
Radwegen wurde vermutlich erstmals von Michael Hartmann 1988
in München praktiziert. Falls dabei Schäden am Fahrzeug entstehen, kann die Aktion strafrechtlich verfolgt werden. Hartmann
bot deshalb Seminare an, um Interessierte im legalen Carwalking
zu schulen.

Carrotmob

Bei dieser Sonderform des >Smart Mob werden mittels heutiger
Kommunikationsmedien Teilnehmer aufgerufen, in einem bestimmten Laden massenhaft einzukaufen. Mit dem Ladeninhaber
wurde zuvor abgesprochen, dass er einen Teil des so entstande-
nen Umsatzes in ökologische Sanierungsmaßnahmen zu inves-
tieren. Im Unterschied zum bestrafenden Boykott schafft dieser
„Buykott" positive Anreize, so wie die Karotte vor der Nase eines
Esels. Daher die Bezeichnung.

Choreografie

Der Begriff bezeichnet eigentlich die Inszenierung von Ballett
und modernem Tanztheater, wurde aber auch übernommen für
einstudierte Abläufe von Fußballfans in Stadien. Diese können
manchmal Protestcharakter haben, nicht nur gegen bestimmte
Spieler, Trainer oder Funktionäre, sondern auch gegen rassistische
Beleidigungen nichtweißer Spieler.

Eine andere Anwendung des Begriffs betrifft trainierte Abläufe innerhalb von >Flashmobs oder anderen Aktionen. So stellten sich unter Leitung des Choreografen Ehud Darash 2011 in Tel Aviv mehrere Personen in entgegengesetzer Richtung in eine >Demonstration gegen Mietpreiserhöhungen und sackten dann symbolisch zusammen.

Clowning

Beim G8-Gipfel in Heiligendamm 2007 wurden erstmals in Deutschland Demonstranten, die mit Seifenblasen und Wasser-pistolen gegen die Polizeikordons vorgingen, durch die Medien wahrgenommen. International ist die Clandestine Insurgent Rebel Clown Army (CIRCA) schon länger aktiv. Sie tritt, mit Staub-wedeln „bewaffnet", wie eine militärische Formation auf, um Polizeifahrzeuge symbolisch abzustauben.

Clownerie oder zumindest die Verkleidung von Teilnehmern an Demonstrationen und Kundgebungen in Clownskostümen haben ambivalente Wirkung. Wegen ihres spaßigen Charakters können sie zur Deeskalation beitragen oder genau das Gegenteil be-wirken, weil die Vertreter der Ordnungsmacht sich nicht ernst genommen fühlen.

Containern

Mit Containern ist die Suche nach noch verwertbaren Lebensmit-teln in den Abfallcontainern von Supermärkten gemeint. Wenn dies nicht aus einer persönlichen Notlage heraus passiert, ist es ein Protest gegen die Wegwerfgesellschaft und den Konsum-zwang. Im Unterschied zu manchen anderen Ländern ist dies in Deutschland strafbar.

Cornern

Im deutschen Sprachraum wurde das Cornern erstmals 2017 bei den Protesten gegen den G20-Gipfel in Hamburg bekannt. Men-schen vereinbaren sich (überwiegend) über Soziale Netzwerke, an einer Straßenecke (Corner) scheinbar spontan und planlos herum-zustehen, zu quatschen, was zu trinken, dabei aber den normalen Verkehr in diesem Bereich zu stören und dann eventuell zu an-deren Protestformen überzugehen. Ursprünglich aber stammt der Begriff aus der >Subkultur des amerikanischen Hiphop, als sich

Leute mit einem Ghettoblaster trafen, um zusammen rumzuhängen, ohne dabei definitiv politische Ziele zu verfolgen.

Critical Mass

Critical Mass, also eine „kritische Masse", ist eine Art der Fahrraddemonstration gegen die Vereinnahmung der Städte und Landschaften durch den motorisierten Verkehr. Daneben gibt es aber auch CMs mit politischen Anliegen, so im August 2004 zum Parteitag der Republikaner in New York, als mehrere Tausend Radfahrer gegen die Politik von Präsident George W. Bush demonstrierten.

Eine CM hat keine formellen Veranstalter und wird wie ein >Flash Mob unterschwellig angekündigt. Die bisher größten derartigen Veranstaltungen fanden in Budapest mit bis zu 80.000 Teilnehmern statt.

In Deutschland kann der Paragraf 27 der Straßenverkehrsordnung zur Blockade des Autoverkehrs genutzt werden, der Gruppenfahrten mit dem Rad auf öffentlichen Straßen zulässt, wenn mindestens 16 Teilnehmer durch Warnwesten gekennzeichnet sind.

Culture Jamming

Der Begriff Jamming meint zunächst das Einmischen, bei Culture Jamming mit der Absicht der Störung. Bevorzugt werden dafür Logos, Slogans und andere Kommunikationsformen von Konzernen oder Institutionen angeeignet und ironisch verfremdet. Damit hat Culture Jamming eine gewisse Nähe zum >AdBusting und wird häufig in der >Street Art angewandt. Ein berühmtes Beispiel ist das „Brand Spangled Banner", bei dem die Sterne der US-Flagge durch die Logos großer Konzerne ersetzt wurden.

Demonstration

Die Demonstration (kurz Demo) ist das klassische Mittel Nummer Eins, der Unzufriedenheit mit bestimmten Zuständen Ausdruck zu verleihen. Möglichst viele Menschen ziehen gemeinsam auf öffentlichen Straßen entlang, häufig mit >Plakaten und >Transparenten sowie >Sprechchören. >Kundgebungen mit Ansprachen sind zumeist Start- oder Endpunkt einer Demonstration. Laut Grundgesetz Artikel 8 gehört die Demonstrations-

freiheit in Deutschland zu den unantastbaren Grundrechten aller
Bürger.

Sternmärsche, Fahrraddemonstrationen, Schweigemärsche und
andere Sonderformen sind bekannt.

Nach deutschem Recht muss eine Demonstration nicht genehmigt werden, aber angemeldet. Die zuständige lokale Behörde
kann dann Auflagen erlassen, zum Beispiel eine räumliche und
zeitliche Beschränkung. Die Auflagen müssen zu Beginn der
Veranstaltung verlesen werden. Uniformierung und Vermummung
sowie das Mitführen von Waffen sind grundsätzlich untersagt.
Für ein Verbot er gesamten Demonstation braucht es stichhaltige Gründe. Gegen das Verbot kann bei Verwaltungsgerichten im
Eilantrag geklagt werden. Für jede Demonstration muss es eine(n)
Verantwortliche(n) geben. Ist diese(r) bis 15 Minuten nach geplantem Beginn nicht anwesend, kann die Polizei die Demonstration absagen.

Spontandemonstrationen aus aktuellem Anlass müssen nicht
angemeldet werden. Der Anlass muss aber tatsächlich kurz vorher
entstanden sein, nicht schon seit Stunden bekannt.

Denkmalsturz
Offizielle Beseitigungen von Denkmälern gibt es traditionell bei
gesellschaftlichen Umstürzen, wie nach dem politischen Umbruch
in der DDR, als viele Denkmäler von Lenin, Marx etc. entfernt
wurden. Der Film „Goodbye Lenin" ist eine ironische Widmung
dieser Ereignisse.

Medienwirksam wurde 2003 die Statue Saddam Husseins in
Bagdad nach dem Einmarsch der US-Truppen im dritten Golfkrieg
vom Sockel gestürzt, so wie nach vielen erfolgreichen Revolutionen Herrscherporträts entfernt wurden. Die Extremform ist eine
schon im antiken Ägypten bekannte „Damnatio Memoriae", also
die komplette Auslöschung der Erinnerung an eine Person.

Bei den Demonstrationen der Black-lives-matter-Bewegung nach
dem Tod eines Schwarzen durch Polizeigewalt in den USA wurden
2020 mehrere Denkmäler von Sklavenhaltern und Kolonialisten
sowie des „Entdeckers" Kolumbus gestürzt. Auch in der englischen Hafenstadt Bristol wurde die Statue des Sklavenhändlers
Edward Colstons in den Fluss geworfen, später aber wieder geborgen und aufgestellt.

Desertieren

Geschieht die Flucht von Armeeangehörigen aus dem Militär aus
Gewissensgründen, um beispielsweise nicht an einem als unge-
recht empfundenen Krieg (weiterhin) teilzunehmen, ist dies eine
Form des politischen Widerstandes. Besonders trifft dies zu, läuft
der Soldat oder Offizier zur gegnerischen Armee oder Aufständischen über.

Eine „sanfte" Form des Desertierens ist die >Wehrdienstverwei-
gerung, vorausgesetzt es gibt eine Wehrpflicht.

Die In

Mehrere Personen legen sich in der Öffentlichkeit nieder, um das
Sterben zu symbolisieren, beispielsweise als Warnung vor Krieg
oder Umweltgefahren. Häufig kostümieren sich die Personen
als Leichen. Auch wenn das Die In seine Wurzeln in den 1960er
Jahren hat, wird es heute häufig als spezielle Form des deutlich
jüngeren >Flash Mob angesehen.

Dienst nach Vorschrift

In bürokratisch durchstrukturierten Gesellschaften, wie sie heute
weltweit typisch sind, ist das exakte Befolgen von Vorschriften eine Sonderform des Streiks, mit der ganze Organisationen
praktisch lahm gelegt werden können. Die genaue Kenntnis der
jeweiligen Vorschriften ist natürlich Voraussetzung. Dienst nach
Vorschrift ist legal und dabei sehr effizient.

Direkte Aktion

Mit direkter Aktion sind diverse Aktionsformen gemeint, die versuchen, unmittelbar in Abläufe einzugreifen, anstatt Appelle an
Entscheidungsträger zu richten. Das können >Blockaden, >Beset-
zungen, >Sabotage und andere Aktionsformen sein.

DIY

Die englische Abkürzung heißt „Do it Yourself", auf deutsch
„Mach es selbst". Im Sinne von Protest kann dies eine konsumkri-
tische Haltung bedeuten, also benötigte Dinge nicht zu kaufen,
sondern selbst zu erzeugen.

Auch das Recycling und Upcycling benutzter Waren gehört dazu.
So gibt es Selbsthilfewerkstätten, Reparatur-Cafés und auch

diverse Anleitungen im Internet, zum Teil sind sie unter dem
Suchbegriff Live Hacks zu finden.

Doxing

Der Begriff, abgeleitet von „documents", bezeichnet das Veröffentlichen von Wohnanschriften und/oder Telefonnummern und
weiterer privater Daten und/oder Porträtfotos politischer Gegner.
Es ist ein indirekter Aufruf zur Gewalt gegen diese Personen, eine
Verletzung von Persönlichkeitsrechten und des Datenschutzes und
daher strafbar.

Eier (u.a.) werfen

Das Bewerfen von Personen ohne die Absicht, sie ernsthaft zu
verletzen, zumeist hochrangige Politiker, ist eine gesteigerte
Unmutsbekundung. Bekannte Beispiele sind der Eierwurf auf
Bundeskanzler Helmut Kohl 1991 in Halle/Saale und der Farbbeu-
telwurf auf Außenminister Joschka Fischer 1999, bei dem er sich
einen Trommelfellriss zuzog.

Für das Werfen mit Torten nach Vorbild der klassischen Stumm-
filme gibt es die Fachbegriffe >Tortung oder pieing (englisch).
Die belgische Gruppe Patissiers sans frontiers macht das Torten
von Politikern oder Persönlichkeiten wie Bill Gates zum Mittel-
punkt ihres Wirkens.

Der irakische Fernsehjournalist Mutanzer al-Zaidi bewarf 2008
den damaligen amerikanischen Präsidenten George W. Bush bei
einer Pressekonferenz mit seinen Schuhen und wurde in der Folge
zu drei Jahren Haft verurteilt, die er teilweise verbüßte. In der
arabischen Welt ist das demonstrative Vorzeigen der Schuhe eine
Beleidigung. 2009 wurde in der irakischen Stadt Tikrit ein drei
Meter hoher Schuh aus Kupfer zur Erinnerung an das Ereignis
eingeweiht.

Einschleusen

>Undercover

Eulenspiegelei

Der Schelm Till Eulenspiegel, über den erstmals um 1510 in
einem niederdeutschen Volksbuch berichtet wird, war bekannt dafür, Redewendungen wörtlich zu nehmen und damit Mächtige wie

auch Einfältige zum Narren zu halten. Heute wird dieses Mittel vor allem durch satirische Medien oder >ironische Politik benutzt.

Exil/Emigration

Eigentlich ist das Exil keine aktive Form des Widerstandes. Doch unter gewalttätigen Diktaturen ist die Emigration manchmal das einzige Mittel, um vom mehr oder weniger sicheren Ausland aus publizistisch oder auf andere Weise am Sturz des Regimes zu arbeiten.

Eine besondere Form sind Exilregierungen, die sich als legitime Vertretungen eines diktatorisch regierten Landes verstehen. Die sogenannte „innere Emigration" hingegen ist häufig eine Rechtfertigung für angepasstes Verhalten.

Facebook

> Soziale Medien

Fahnen und Flaggen

Wie einige andere Symbole bestimmter politischer Haltungen haben Fahnen ihren Ursprung in der mittelalterlichen Heraldik der Adelsgeschlechter. Am bekanntesten ist die rote Fahne der sozialistischen und Arbeiterbewegung. In Ländern, die unter Fremdherrschaft stehen, oder nach Autonomie strebenden Regionen ist das öffentliche Anbringen oder Tragen der zumeist verbotenen Fahnen bzw. Flaggen dieses Gebietes eine Form des Widerstandes.

1989 schnitten Teilnehmer der Montagsdemonstrationen in der DDR das Emblem des Staates aus der Fahne, verfremdeten sie damit.

Auch reaktionäre Kräfte nutzen Fahnen, die ihrem Verständnis nach Widerstand ausdrücken. Durch die Pegida-Bewegung in Dresden wurde die aus dem Stauffenberg-Kreis stammende Wirmer-Fahne bekannt. Auch Fahnen des Deutschen Reiches, die Reichkriegsflagge und die umgedrehte schwarzrotgoldene Fahne werden von Rechtsextremen genutzt.

Nicht nur materielle Flaggen dienen heute als Bekenntnis. Vor allem auf Twitter ist es möglich, vor seine Adresse diverse Symbole, darunter Länderflaggen, zu setzen und damit eine Haltung auszudrücken.

Fahrradcorso

Ein Fahrradcorso kann eine spezifische Form der >Demonstration
sein. Zum Ausdruck urbaner und teilweise poltischer Anliegen
wird auch die >Critical Mass genutzt.

Farbe

Die Verwendung von Farben als Symbole bestimmter politischer
Strömungen hat ihren Ursprung in der mittelalterlichen Heraldik
der Adelsgeschlechter. Seitdem gibt es eine ganze gesellschaftliche Farbenlehre, die in verschiedenen Ländern oder Kulturkreisen
differiert. Am verbreitetsten ist das Rot der Arbeiterbewegung
und vieler linker Parteien oder Organisationen, aber auch das
Rot-Schwarz der Anarchisten. Gegenwärtig ist das Violett der
feministischen Bewegung und der Regenbogen der queeren Aktivisten populär.

Dass ein historisches Ereignis mit einer Farbe assoziiert wird,
kommt seltener vor, so etwa bei der „Orangenen Revolution",
dem Umsturz in der Ukraine im Herbst 2004.

Fashion Revolution

Am 24. April 2014 stürzte in Bangladesch die Textilfabrik Rana
Plaza ein, mehr als 1100 Arbeiterinnen und Arbeiter starben,
ebenso viele wurden verletzt. Da sich in der Folge kaum etwas an
den Arbeitsbedingungen in den Billiglohnländern geändert hat,
gibt es in vielen Städten der westlichen Welt jetzt jährlich diverse Aktionen Ende April unter dem Namen Fashion Revolution.

Dazu gehören Präsentationen von Unternehmen mit nachhaltig
hergestellten Produkten wie auch Guerilla-Aktionen, z.B. das
Verteilen aufklärender Zettel in Taschen von Textilien bekannter
Billiganbieter. In Berlin wurde ein Automat aufgestellt, der bei
Einwurf eines Euros die Ausgabe eines T-Shirts versprach. Nach
dem Geldeinwurf wurde aber zunächst ein Video abgespielt, das
über die Produktionsbedingungen des billigen Kleidungsstückes
informierte. Danach konnten die Nutzer entscheiden, ob sie es
trotzdem wollen.

Fiktive Ablehnung

Per (offenem) Brief einer Firma oder Institution mitteilen, dass
man einen bestimmten Posten (für den man sich zumeist gar

nicht beworben hat) nicht annehmen möchte, weil die Konditionen oder auch das gesamte Verhalten der Einrichtung inakzeptabel sind, ist ein bewährtes Mittel ironischer Kritik.

Der Berliner Thomas Klauck gründete sogar eine Agentur, um Jobsuchende bei solchen Absagen zu unterstützen, in denen es dann beispielsweise heißt: „Nach sorgfältiger Prüfung Ihres Angebotes muss ich Ihnen leider mitteilen, dass ich die angebotene Stelle nicht antreten werde. Ich versichere Ihnen, dass meine Entscheidung keine Abwertung Ihrer Person oder Ihres Unternehmens bedeutet, sondern ausschließlich auf meine Auswahlkriterien zurückzuführen ist. Ich bedaure, Ihnen keine günstigere Nachricht geben zu können und wünsche Ihnen und Ihrem Unternehmen für die Zukunft alles Gute."

Das Vorgehen kann auch auf andere Bewerbungs- und Antragsverfahren, zum Beispiel für Fördermittel, übertragen werden. Es hat aber meist nur dann Wirksamkeit, wenn die Ablehnung auch veröffentlicht wird.

Vergleichbar sind Reaktionen von Musikern auf Anfragen von Restaurants und Clubs, bei ihnen honorarfrei aufzutreten, weil sie dadurch ihre Bekanntheit steigern könnten. Sie antworten dann ungefähr so, dass die Gaststätte ihre private Party mit kostenlosem Catering unterstützen könne und dadurch Werbung erhielte.

Fiktive Anzeige
Entsprechend der doppelten Bedeutung des Begriffs >Anzeige kann eine fiktive Anzeige als Protestform auch verschieden interpretiert werden. Zum einen kann es die nicht ganz ernst gemeinte Strafanzeige gegen Personen oder Institutionen bis hin zum Staat sein wegen angenommener Verletzungen von Gesetzen und Rechten.

Zum anderen ist es eine Zeitungsannonce. Beliebt sind beispielsweise fiktive Traueranzeigen für gefährdete Sozial- und Kultureinrichtungen oder auch Biotope und Landschaften.

Fiktive Versteigerung
Objekte wie etwa Immobilien zum Verkauf oder der Versteigerung zu offerieren, über die der Anbieter kein Verfügungsrecht hat, sind ein erprobtes Mittel des Protestes. So wurden schon mehrfach durch Studenten Gebäude ihrer Universität scheinbar in

einer Auktion oder auch per Ebay versteigert, um auf die man-
gelhafte Finanzierung der Institutionen aufmerksam zu machen.
Auch das Anbieten von Personen – bevorzugt der eigenen – als
käufliche Objekte, wird gelegentlich praktiziert.

Fiktiver Mahnbrief
Mit ironisch gefärbten Mahnungen an staatliche oder kommunale
Behörden und deren Vertreter oder auch Unternehmen kann die
Einhaltung von Gesetzen, Beschlüssen oder auch nur verbalen
Aussagen eingefordert werden.

Fiktive Staatsgründung
>Staat gründen

Fiktives Begräbnis
Das symbolische Aufbahren oder Tragen eines Sarges – echt oder
imitiert – ist beliebt, um das mögliche „Sterben" einer von
Sparzwängen betroffenen Einrichtung darzustellen, kann aber in
größeren politischen Zusammenhängen auch das Ende der Demokratie, Freiheit etc. bedeuten.

Filibuster
>Redenmarathon

Flashmob
Der nicht unbedingt politisch ausgerichtete Flashmob hat sich
zu einem beliebten Mittel für Protestaktionen entwickelt. Der
unterschwellig (z.B. durch Soziale Medien) organisierte Men-
schenauflauf ohne erkennbare Führung kann dem reinen Vergnü-
gen wie Kissenschlachten auf öffentlichen Plätzen dienen, aber
auch gesellschaftliche Ziele haben. So gab es im Dezember 2019,
ausgehend von einer chilenischen Initiative, global in vielen
Städten Flashmobs mit >Choreografie gegen sexuelle Belästigung
und Gewalt.

Fluchthilfe
Verfolgten in autoritären Regimen Hilfe bei der Flucht zu gewäh-
ren, ist ein Akt des Widerstandes. So gab es im deutschen NS-Regime viele Fluchthelfer innerhalb und außerhalb des Landes. Auch

in der DDR wurde nach der Grenzschließung 1961 aktive Fluchthilfe auf unterschiedliche Weise geleistet.

Heute bezieht sich der Begriff überwiegend auf die Unterstützung von Migranten, die wegen politischer Verfolgung, militärischen Konflikten oder wirtschaftlicher Not flüchten, unter
anderem durch Schiffe im Mittelmeer, die in Not geratene Flücht-
lingsboote retten.

Fluchthilfe wird fast immer kriminalisiert und strafrechtlich
verfolgt.

Flugblatt

Das Flugblatt hat seinen Namen von der früheren Praxis, von Gebäuden oder anderen erhöhten Punkten unerkannt herabgestreut
zu werden. Das massenhaft kopierte Blatt kann Slogans, Manifeste oder auch nur >Aufrufe zu bestimmten Aktionen verbreiten.
Heute wird es häufiger per Hand verteilt, in Briefkästen eingeworfen oder zur Mitnahme ausgelegt.

Gardening

Das Guerilla Gardening oder Urban Gardening ist eine Art der
>Besetzung oder >Aneignung urbaner Flächen, um sie gemein-
schaftlich gärtnerisch zu nutzen und umzugestalten. Zumeist soll
damit auf urbane und ökologische Defizite aufmerksam gemacht
werden, seltener geht es um eine Nutzung der angebauten Pflan-
zen. Zugleich ist es eine Form der >alternativen Ökonomie.

Spezifische Formen sind Samenbomben, um Brachflächen zum
Erblühen zu bringen, und auch winzige Gärtchen an Straßenbäu-
men, sogenannte Baumscheiben.

Gebet

Religiöse Veranstaltungen konnten in früheren Jahrhunderten
durchaus politische Dimensionen haben bis hin zum Aufruf zu
Kreuzzügen.

In der Gegenwart ist dies zumindest in den christlichen Kirchen
seltener geworden. Ausgesprochen provokativen Charakter hatte
das Punk-Gebet der russischen Gruppe „Pussy Riot" 2012 in der
Moskauer Kathedrale.

In der DDR waren die Friedens-Gebete in der Leipziger Niko-
lai-Kirche ein Auslöser des gesellschaftlichen Umsturzes. Jeden

Montag versammelten sich 1989 Menschen in der Kirche, darunter
viele Nichtgläubige, um danach mit Kerzen zu demonstrieren. Im
Oktober des Jahres führte dies zu einer Massenbewegung.

Gefangennahme

„Seit 31 Tagen Gefangener" steht auf dem Schild, das Unterneh-
merpräsident Hanns Martin Schleyer auf dem Foto umgehängt
bekam, mit dem die RAF 1977 ihre Forderungen bekräftigen
wollte. So wie der Name Rote Armee Fraktion drückt auch die
Bezeichnung „Gefangener" für eine entführte Geisel aus, dass
sich die Terrorgruppe in einem regulären >Bürgerkrieg gegen das
herrschende System sah.

Für Betroffene ist es im Endeffekt unwichtig, ob sie als Gefangene, Geiseln oder Entführte bezeichnet werden. Wirkliche Gefangene unterscheiden sich von >Geiseln dadurch, dass sie nicht als
Druckmittel zur Durchsetzung von Forderungen eingesetzt werden
und zumeist Mittel juristische Mittel zur Verfügung haben.

Gegenkultur

Die Konstatierung von Gegen- oder >Subkulturen setzt die Annahme einer offiziellen, herrschenden Kultur voraus, gegen welche
opponiert wird. Häufig wird die konkrete Lebenswelt tatsächlich
oder scheinbar diskriminierter gesellschaftlicher Gruppen als
Gegenkultur verstanden, aber auch bestimmte Bewegungen und
Stile in Musik, Literatur etc.

Da Gegenkulturen wie etwa Punk oder HipHop schnell kom-
merziell instrumentalisiert wurden und damit das subversive
Potenzial verloren, gehen Kritiker davon aus, dass es heute keine
Gegenkulturen mit tatsächlicher politischer Wirksamkeit mehr
geben kann.

Allerdings bemühen sich seit einigen Jahren Rechtsradikale,
Strukturen einer rechten Gegenkultur zu etablieren und berufen
sich dabei ausgerechnet auf die These der „kulturellen Hegemo-
nie im vorpolitischen Feld" des italienischen Marxisten Antonio
Gramsci.

Gehzeug

Der Wiener Wissenschaftler Dr. Herrmann Knoflacher entwickelte
1975 ein Gehzeug als Pendant zum Fahrzeug, um auf den enor-

men Platzbedarf des Individualverkehrs aufmerksam zu machen. Das leichte Lattengerüst mit den Abmessungen eines Kleinwagens hängt sich ein Mensch um und läuft damit auf der Straße. In vielen Aktionen hat Knoflacher gemeinsam mit Studenten und anderen Aktivisten mit Gehzeugen gegen die aus der Massenmotorisierung erwachsenden städtebaulichen Defizite und Umweltbelastungen demonstriert.

Gendern
>Sprache

Generalstreik
Im Vergleich zum überwiegend der Durchsetzung wirtschaftlicher Forderungen dienenden „normalen" Streik einer Branche oder eines Betriebes hat ein Generalstreik, dem sich große Teil der berufstätigen Bevölkerung anschließen, häufig politische Ziele. Ein berühmtes Beispiel, der Generalstreik gegen den Kapp-Putsch 1923 in Deutschland, zeigt, dass Widerstand auch der Verteidigung eines gefährdeten Status quo dienen kann.

Geste
Bekanntestes Beispiel einer körperlichen Geste, die Protest ausdrückt, ist die erhobene Faust. Sie ist allgemeines Symbol des Nichteinverstandenseins ohne konkrete politische Zuordnung.

Besondere Brisanz erhält diese Geste dann, wenn sie in der gegebenen Situation zusätzlich ein Nichteinhalten der Konventionen darstellt wie bei den Siegerehrungen afroamerikanischer Sportler bei den Olympischen Spielen 1968, welche die mit Handschuhen bedeckten Fäuste erhoben.

Eine andere bekannte Geste ist das Victory-Zeichen, also gespreizter Zeige- und Mittelfinger. Heute ist der sogenannte Stinkefinger, der gestreckte Mittelfinger, ein Zeichen der Missachtung.

Go In
In den 1960er Jahren wurde das Go In an Universitäten als Protest gegen den akademischen Lehrbetrieb praktiziert und stellt quasi das >Stören einer (Lehr-)Veranstaltung dar. Berühmt wurde das Go In einer Vorlesung von Theodor W. Adorno an der Goethe-Universität Frankfurt 1969 durch barbusige Studentinnen.

Graffiti

Graffiti, also mit Farbsprays im Stadtraum aufgebrachte Bilder oder Schriftzüge sind die älteste und am weitesten verbreitete Form der >Streetart. Graffiti sind nicht per se politisch, können aber zur Verbreitung gesellschaftskritischer Aussagen beitragen.

Eine Sonderform stellen die mit Hilfe von Schablonen hergestellten Stencil- oder Pochoir-Graffiti dar. Graffiti ohne Zustimmung des Eigentümers der Immobilie werden als Sachbeschädigung strafrechtlich verfolgt.

Großtransparente

Vor allem die Umweltaktivisten von Greenpeace haben mit hoher Wirksamkeit wiederholt riesige Transparente mit Slogans an Schornsteinen, Brücken oder anderen überraschenden und schwer zugänglichen Stellen angebracht, um medienwirksam auf ihre Forderungen aufmerksam zu machen.

Guerilla

Die Guerilla (spanisch: kleiner Krieg), früher auch als Partisanenkampf bekannt, ist eine Form der irregulären Kriegsführung gegen Besatzer oder diktatorische Regimes. Guerilleros kämpfen in kleinen Gruppen im Hinterland des Feindes, häufig mit einer flachen Kommandohierarchie. Die personelle und technische Unterlegenheit wird durch den Überraschungsfaktor ausgeglichen.

Im metaphorischen Sinne wird der Begriff heute auch für diverse klandestine Protestaktionen verwendet, die nichts mit dem bewaffneten Kampf zu tun haben.

Hacking

Das Eindringen in Computer oder Netzwerke wird zwar überwiegend aus kriminellen Motiven heraus betrieben oder aber um Lücken im Sicherheitssystem zu verdeutlichen, es kann aber auch politische Ziele verfolgen.

Ursprünglich stand der Begriff Hacking allgemein für das Programmieren, also einen Code in die Tastatur „hacken". Später wurde es teilweise als Bewegung zum Erhalt oder der Wiedererlangung freien und kostenlosen Zuganges zu Software im Sinne von Open Source verstanden. Der deutsche Chaos Computer Club ist ein tradiertes Team mit diesem Anliegen.

Gegenwärtig ist das Kollektiv mit dem bezeichnenden Namen Anonymous am bekanntesten in dieser Art von Internet-Aktivitäten. Zu dessen Zielen gehört es neben dem Kampf um die Freiheit des Internets auch, die Scientology-Sekte zu attackieren.

Das Hacken kann dazu dienen, die Arbeit staatlicher und militärischer Institutionen (zeitweise) zu stören oder ganz zu verhindern, oder es geht um das Erlangen sensibler Daten, die dann für eigene Zwecke benutzt bzw. im Sinne des >Leaking veröffentlicht werden.

Hashtag

Bei manchen >Sozialen Medien, vor allem Twitter und Instagram, ist das Rautezeichen # als Hashtag bekannt. Es dient der Kennzeichnung von Posts bzw. Tweets als einem Thema zugehörig. Da diese Medien auch über statistische Funktionen verfügen, kann die gehäufte Verwendung Trends setzen und mediale Aufmerksamkeit erregen. Große Wirksamkeit erreichte der Hashtag #meetoo zur Ächtung sexueller Gewalt.

Hungerstreik

Da der Hungerstreik bei konsequenter Umsetzung zu gesundheitlichen Folgen bis hin zum Tod des oder der Protestierenden führen kann, ist es ein radikales Mittel, mit dem moralischer Druck ausgeübt werden soll. Häufig greifen Gefangene, die kaum andere Möglichkeiten zum Unterstreichen von Forderungen haben, zum Hungerstreik.

Berühmt geworden sind die Hungerstreiks Mahatma Ghandis als eine seiner Methoden des gewaltlosen Widerstandes zur Erringung der Unabhängigkeit Indiens. 1993 erregte der Hungerstreik der Kali-Bergleute im thüringischen Bischofferode Aufmerksamkeit, mit dem sie erfolglos versuchten, die Schließung ihrer Grube zu verhindern.

Zur Fußball-WM 2018 in Russland hungerte der in einem russischen Straflager wegen angeblicher Unterstützung terroristischer Aktionen gegen die Annektion der Krim gefangen gehaltene ukrainische Filmemacher und Fotograf Oleg Senzow mehrere Wochen, musste die Aktion aber wegen drohender Zwangsernährung abbrechen.

Selten führt ein Hungerstreik tatsächlich zum Tod des oder der Streikenden. 1981 aber verhungerten Bobby Sands und neun wei-

tere Aktivisten der Unabhängigkeitsbewegungen IRA und INLA in
nordirischen Gefängnissen. Diese unnachgiebige Haltung führte
schließlich zu einer Beilegung des nordirischen Bürgerkrieges
nach langwierigen Verhandlungen.

Identifizierung

Nach dem antisemitischen Attentat auf die französische Satirezeitung „Charlie Hebdo" 2015 wurde der Slogan „Je suis Charlie"
populär, später auf diverse andere Anlässe adaptiert. Zum Zeichen
der Identifizierung mit Ereignissen, Personen, Institutionen
bietet vor allem das >Soziale Netzwerk Twitter in der Adressleiste
vielfältige Möglichkeiten durch symbolische Zeichen wie >Flag-
gen.

Ironie

Die Ironie ist ein uraltes Mittel der Hinterfragung gesellschaftlicher Zustände. Die mittelalterlichen Hofnarren kann man schon
dazu zählen, in der Renaissance waren >Flugblätter mit deftiger
Satire vor allem in den Gebieten der Reformation verbreitet. Über
das Hanswurst-Theater und die Commedia de´l Arte führt eine Li-
nie zum traditionellen politischen Kabarett des 20. Jahrhunderts
und der Comedy des 21. Jahrhunderts.

Seit dem 19. Jahrhundert gibt es spezialisierte Zeitschriften mit
politischer Ironie und Satire. In England wurde „Punch" berühmt,
in Deutschland „Simplizissimus". Heute setzen Zeitschriften wie
„Titanic" diese Tradition fort, aber auch Internetseiten wie „Der
Postillion". Manche ironische Internetseiten werden zu spezifi-
schen Zwecken eingerichtet, so vom Kollektiv für >Aktionskunst
Peng! mit dem Titel „Horst Köhler Consulting", um die Rolle der
Bundeswehr im Ausland zu diskutieren.

Im politischen Aktivismus spielt die Ironie in Slogans und Me-
mes heute eine wichtige Rolle, immer stärker auch im >Internet.
Sonderformen sind >ironische Ehrungen oder >ironische Politik.

Ironische Ehrung

Es gibt etliche Preise und Auszeichnungen, die von den „Geehr-
ten" in den seltensten Fällen entgegengenommen werden, da es
eine Brandmarkung von Fehlleistungen ist. International berühmt ist die „Goldene Himbeere", der Anti-Oscar für besondere

Verfehlungen in der Filmbranche, der allerdings nur selten eine
politische Dimension hat.

Die Verbraucherzentrale Sachsen vergibt alle zwei Jahre den
„Prellbock" an Unternehmen, welche die Kunden besonders dreist
hinters Licht führen. Die „Europa-Distel" wird von einer Organisation an Einrichtungen oder Personen vergeben, die sich in der
Europapolitik einen besonderen Fauxpas geleistet haben.

Ironische Politik

2004 wurde Die Partei für Arbeit, Rechtsstaat, Tierschutz, Eli-
tenförderung und basisdemokratische Initiative, kurz Die Partei,
gegründet. Sie hat den Einzug in das Europaparlament geschafft.
Häufig wird sie als Spaß- oder Satirepartei bezeichnet. Allerdings
hat Martin Sonneborn als Abgeordneter im Europaparlament
durch Anfragen und Recherchen auch für echte Kontroversen und
Enthüllungen gesorgt.

Journalismus

Seit dem 18. Jahrhundert gibt es regelmäßig erscheinende Printmedien. Heute sind sie in der Krise, dennoch wird der Journalismus als Vierte Instanz bezeichnet, die neben Legislative, Exekutive und Judikative eine wichtige Rolle der gesellschaftlichen
Stabilität in demokratisch und rechtsstaatlich strukturierten Ländern hat. In autoritären Regimen kommt ihm eine noch größere
Rolle des Korrektivs zu, soweit das überhaupt möglich ist.

Besonders wichtig sind Reportagen an Brennpunkten, die mit
den heutigen technischen Mitteln fast zeitgleich übermittelt
werden können, aber auch tiefgreifende Recherchen zur Aufde-
ckung von ökonomischem und politischem Machtmissbrauch und
Skandalen wie etwa dem System der Steuerhinterziehung namens
Cumex oder dem rechtsextremen Hannibal-Netzwerk in der Bundeswehr.

Heute verlagert sich die Rolle des Journalismus immer stärker
ins Internet. Trotz der stärkeren Manipulation durch Fake News
und >Shitstorm hat er nach wie vor eine enorme Bedeutung der
politischen Meinungsbildung.

Karikatur

Schon die ersten Massenmedien, also per Holzschnitt vervielfältigte >Flugblätter am Ausgang des Mittelalters, hatten häufig karikierenden Charakter, unter anderem in den Reformationen und Bauernaufständen des 15. und 16. Jahrhunderts. Die klassische Variante ist die Darstellung von Personen mit übertriebenen physiognomischen Merkmalen oder Vergleichen aus der Tierwelt.

Die Blütezeit der herkömmlichen Karikatur war das 20. Jahrhundert mit Printmedien in hoher Auflage. Der simplen Verzerrung von Personen folgten inhaltlich aussagekräftige Darstellungen von Handlungen oder Aussagen.

Die gewalttätigen Proteste gegen Mohammed-Karikaturen von Kurt Westergaard in der dänischen Zeitung Jyllands-Posten 2006 in islamischen Ländern wie auch das Attentat auf die Redaktion der französischen Satirezeitschrift Charlie Hebdo, die diese Zeichnungen nachgedruckt hatte, am 7. Januar 2015 mit zwölf Todesopfern zeigen, dass Karikaturen auch heute noch politische Sprengkraft haben können.

Kauf-Nix-Tag

Der letzte Freitag (USA) oder Samstag (Europa) im November wird seit einigen Jahren von konsumkritischen Organisationen als Buy Nothing Day begangen. Eigentlich ist dieser „Black Friday" mit Rabattaktionen der Handelsketten einer der umsatzstärksten Tage des Kalenderjahres kurz vor Weihnachten. Durch Verzicht auf jeden Einkauf an diesem Tag soll das kapitalistische Konsumverhalten in Frage gestellt werden.

Ketzerei

Ketzerei bezeichnet eigentlich die Abweichung von der kanonisierten Lehrmeinung einer allmächtigen Religion, ist aber nicht zwangsläufig antireligiös oder säkular.

Berühmte Ketzer waren der Tscheche Jan Hus und die Reformatoren Martin Luther und Johannes Calvin. Doch auch Wissenschaftler wie Nikolaus Kopernikus und Galileo Galilei, die das Weltbild der katholischen Kirche infrage stellten, wurden als Ketzer angegriffen.

Im Christentum spielt mit dem Machtverlust der Institutionen die Ketzerei heute keine Rolle mehr. Im Islam aber kann eine

Fatwa gegen vermeintliche Ketzer für die betroffenen Personen existenzielle Folgen haben.

Kleidung

In früheren Epochen und zum Teil noch heute unterscheiden sich soziale Gruppierungen in ihrer Kleidung. Eine Verletzung der manchmal offiziell vorgeschriebenen Kleiderordnung konnte als Protest verstanden werden. Auch gegenwärtig wird die Nichtachtung von Dresscodes so gewertet. So verursachte der Grünenpolitiker Joschka Fischer 1985 einen Skandal, weil er zur Vereidigung als hessischer Minister für Umwelt und Energie Turnschuhe trug.

In streng islamischen Ländern gilt es als Vergehen, wenn sich Frauen nicht an das Kopftuch- oder Schleiergebot halten.

Typische Kleidungsstücke wurden manchmal zu Symbolen sozialer Bewegungen, so der Bundschuh in den Bauernkriegen des 16. Jahrhunderts oder das „Mao-Hemd" in den Studentenbewegungen der 1960er Jahre. Die Sansculotten in der Großen Französischen Revolution hießen so, weil sie lange Hosen trugen statt der dem Adel vorbehaltenen Kniebundhosen, den Culotten.

Auch die Kleidung vieler >Subkulturen kann als bewusste Verletzung von Konventionen verstanden werden, so die bunten und weiten Sachen der Hippies in den 1960er Jahren, die kaputten Kleidungsstücke der Punks ein Jahrzehnt später oder die umgedrehten Basecaps und in herabhängenden Oversize-Hosen im Hiphop.

Konsumverzicht

>Verzicht

Kostenlose Leistungen

Produkte und Leistungen, die ohne (festgelegte) Gegenleistung oder Bezahlung erfolgen, unterlaufen das Prinzip der kapitalistischen Warenwirtschaft. Neben Umsonstläden etc. ist heute vor allem die Verfügung über Informationen ohne Bezahlung im Internet eine effektive Maßnahme, häufig verbunden mit dem Attribut „open".

So gibt es freie Software wie das Betriebssystem Linux und unzählige Anwenderprogramme bzw. Apps, aber auch unter der GNU-Lizenz frei verwendbare Fotos, Grafiken, Musik und Texte. Als

Open Access werden wissenschaftliche Arbeiten frei zur Verfügung gestellt. Der Erfolg der Wissensplattform Wikipedia hat zum Niedergang einer ganzen Branche, den Lexikonverlegern, geführt.

Mit der massenhaften Verbreitung preisgünstiger und vielseitiger 3D-Drucker wird dieses Prinzip sich auch in die materielle Sphäre ausweiten.

Siehe auch >alternative Ökonomie und >Bartering

Kundgebung

Die Kundgebung ist quasi das stationäre Pendant zur >Demonstration und damit eines der ältesten und gebräuchlichsten Mittel des Protestes (aber auch der Zustimmung, ob nun zwangsverordnet oder auch freiwillig). Auf einem Platz versammelt sich eine Menschenmenge, um Rednern zuzuhören und mit Transparenten, Applaus oder auch >Sprechchören ihre Meinung auszudrücken.

Kunst

Seit sich die Kunst am Ende des Mittelalters von ihrer Dienstleistungsfunktion für die Religion emanzipierte, hat sie eine politische Dimension. Häufig diente sie der Imagepflege der Reichen und Mächtigen, doch schon in den reformatorischen Bewegungen des frühen 16. Jahrhunderts gab es Künstler, die sich in den Dienst von Reformationen und sozialen Aufständen stellten, diese mit Grafiken für Flugblätter unterstützten. Von Francisco de Goya über Käthe Kollwitz bis Pablo Picasso haben immer wieder Künstler politisch Haltung bezogen. Nicht zu übersehen ist allerdings auch, dass in nichtdemokratischen Ländern sich viele Künstler im Dienste der Macht instrumentalisieren ließen und lassen.

Potenzial für Protest und Widerstand hat Kunst heute vor allem dort, wo sie breite Bevölkerungsschichten erreicht, also außerhalb von Museen und Galerien, zum Beispiel in der >Aktionskunst und >Streetart. Zwar ist bei der Dokumenta Kassel und Biennalen in verschiedenen Städten jede Menge Kunst mit gesellschaftlichem Anspruch zu finden, da es sich aber um finanzstarke Veranstaltungen handelt, die überwiegend von einem bildungsbürgerlichem Publikum besucht werden, ist die Wirksamkeit gering.

Lärm

Zur Unterstützung von >Demonstrationen oder zum >Stören
solcher bzw. von Veranstaltungen und Reden dient Lärm, der mit
Trillerpfeifen, Musikinstrumenten, Kochtöpfen und anderen Hilfs-
mitteln erzeugt wird.

Leaking

Durch die von Julian Assange gegründete Organisation Wikileaks
wurde das Mittel des Leakings, also des Veröffentlichens geheimer
Dokumente, darunter des US-Militärs im Irak-Krieg, weltberühmt.
Von den betroffenen Organisationen und vielen Staaten wird das
Leaking als illegal und strafbar eingestuft. Gleiches gilt für das
eng verwandte >Whistleblowing.

Leaking, im Deutschen auch als Durchstechen bezeichnet, hat
nicht immer positive Wirkungen. So wurde durch die vorzeitig
veröffentlichte Nachricht Anfang 2021, dass der Verfassungs-
schutz die gesamte AfD als Verdachtsfall für Rechtsextremismus
einstufe, von einem Gericht zur Begründung genommen, diese
Darstellung bis zu einem abschließenden Urteil nicht verwenden
zu dürfen.

Lebensweise

Die Lebensweise ist dann eine Protestform, wenn sie bewusst
gegen gesellschaftliche Konventionen verstößt, so wie in vielen
>Subkulturen. Dazu gehören >Kleidung, Vorlieben für bestimmte
>Musik, Verzicht oder auch das radikale Aussteigen aus der Kon-
sumgesellschaft.

Leserbrief

Briefe an Redaktionen von Printmedien, TV und Radio zu schreiben, um seinen Unmut über bestimmte Darstellungen bzw. das
Dargestellte auszudrücken, gibt es zwar noch. Doch im Zeitalter
des Internets verliert es immer mehr an Bedeutung und wird
durch Kommentare in den >Sozialen Medien ersetzt.

Lichterkette

>Menschenkette

Literatur

Ihre größte politische Wirksamkeit hat Literatur gerade dort, wo sie nicht frei verbreitet werden kann, sondern der Zensur unterliegt.

In den Ländern des Ostblocks entfaltete sich eine breite Szene von Samisdat-Literatur (russisch: selbst verlegt). Doch auch offiziell zugelassene Bücher konnten subversives Potential entfalten, indem sich die Autoren der „Sklavensprache" zur Verschlüsselung von Botschaften bedienen. So erregte Christa Wolfs Roman „Kassandra" 1983 in der DDR trotz der antiken Szenerie große Aufmerksamkeit, ebenso Stefan Heyms „König David Bericht" 1972.

Exilliteratur bedarf dieser Kodierung nicht, hat aber eingeschränkte Wirksamkeit. Auch in demokratisch strukturierten Gesellschaften hat Literatur viele Möglichkeiten der Gesellschaftskritik von subtil bis plakativ-aufrufend.

Luftballons

Das Aufsteigenlassen vieler heliumgefüllter Luftballons einer bestimmten Farbe, bevorzugt Schwarz, oder auch mit Aufschriften, ist nicht nur wegen des Kitschfaktors in die Kritik geraten. Die Ballons aus Kunststoff stellen auch eine Umweltbelastung dar.

Mahnwache

Die von Gruppierungen, seltener von Einzelpersonen, veranstalteten Mahnwachen über mehrere Tage oder Wochen an stark frequentierten Orten im öffentlichen Raum sollen auf akute Missstände oder Gefährdungen hinweisen, zum Beispiel bei drohenden Abschiebungen oder auch ökologisch bedenklichen Eingriffen. >Plakate, >Transparente und >Flugblätter gehören zu den üblichen Mitteln der angestrebten Aufklärung und Mobilisierung, die mit den Mahnwachen erreicht werden soll. Manchmal gehören radikalere Aktionen wie >Hungerstreik oder das Anketten dazu.

Manifest

Politische Manifeste stellen Grundsatzprogramme dar, die mit ihrer strategischen Ausrichtung längerfristigen Bestand haben sollen. Das „Manifest der Kommunistischen Partei" von 1848, verfasst von Karl Marx und Friedrich Engels, wurde zur Gründungsurkunde der Arbeiterbewegung. Ein anderes berühmtes Beispiel ist die „Charta 77" tschechoslowakischer Oppositioneller, die eine demokratische Umwälzung des Staates anstrebten.

Markenparodie

Das Modelabel Storch Heinar wurde von Jusos im Mecklenburg-Vorpommern gegründet, um das bei Rechtsextremen beliebte Label Thor Steinar zu parodieren. Das Logo stellt einen fliegenden Storch mit Stahlhelm und Hitlerbärtchen dar, der ein Ei fallen lässt. Es werden T-Shirts und andere Kleidungsstücke mit Slogans wie „Hier marschiert der nationale Viehbestand" produziert. 2011 verlegte Storch Heinar das Buch „Mein Krampf".

Marsch

Als Marsch bezeichnete politische Aktionen wie >Sternmärsche sind eigentlich Demonstrationen, haben nichts mit militärischen Aufmärschen gemein. Bekannt wurden die Ostermärsche der Friedensbewegung in vielen europäischen Ländern seit den 1960er Jahren, initiiert von der britischen Campaign for Nuclear Disarmament.

Maske

Masken, die keine Schutzfunktion haben, sondern die Identität verschleiern sollen, sind bei radikalen politischen Aktionen beliebt. In Deutschland gilt seit 1985 wie auch in anderen Ländern ein sogenanntes Vermummungsverbot bei Demonstrationen.

Die bekannteste Maske, die ein politisches Statement ausdrücken soll, ist die des britischen Offiziers Guy Fawkes, der 1605 das Londoner Parlament sprengen wollte. Die bekannte grafische Darstellung dieser Maske stammt von David Lloyd aus der Graphic Novel „V wie Vendetta" und wurde sowohl von Rechten wie auch der >Bewegung Occupy Wallstreet benutzt.

Masseneintritt in Partei

1998 versuchten Berliner Studenten auf Initiative Rudi Hielschers, massenhaft in die FDP einzutreten, um sie zu unterwandern und politisch neu auszurichten. Der Versuch scheiterte zunächst. Drei Jahre später setzte sich der Parteivorsitzende Guido Westerwelle für die Aufnahme der Rebellen ein, die auch

teilweise umgesetzt wurde. Zu einer inneren Veränderung führte
dies allerdings nicht.

Massenhafte Anträge/Anfragen
Durch eine massenhafte Einreichung von Anträgen oder Anfragen an Behörden oder Parlamente kann man diese in der Arbeit
behindern oder sogar lahmlegen. Die Institutionen sind verpflich-
tet, jedes Schreiben zu bearbeiten und zu beantworten.

Menschenkette
So wie das Aufstellen von Kerzen und Lichterketten sind Men-
schenketten die Form von Protest oder Betroffenheit nach außer-
gewöhnlichen Ereignissen wie Attentaten mit hohem Potential
von Mobilisierung aber auch Verkitschung.

Meuterei
Meuterei ist die Befehlsverweigerung von militärischen Einheiten.
Berühmt wurde die Meuterei Kieler Matrosen der Kaiserlichen
Kriegsflotte im Oktober 1918, die als Auslöser der Novemberrevo-
lution gilt.

Minimalismus
Minimalismus ist eine >Lebensweise, die das kapitalistische Kon-
sumprinzip ablehnt. Ihre Anhänger versuchen, so wenig wie möglich Waren zu kaufen und zu verbrauchen.

Misstrauensantrag
Ein demokratisch legitimiertes Mittel, grundsätzliche Vorbehal-
te gegen die Politik der aktuellen Regierungskoalition oder die
Präsidentschaft auszudrücken, ist der Misstrauensantrag durch
Oppositionsparteien. Um erfolgreich zu sein, müssen auch einige
Abgeordnete der regierenden Koalition zustimmen.

Musik
Schon in den Bauernkriegen waren Lieder wie „Des Geiers schwar-
zer Haufen" Protestlieder der Aufständischen. Die „Marseillai-
se", der Marsch eines Revolutionscops, wurde zur französischen
Nationalhymne. Im 19. Jahrhundert waren viele von fahrenden
Handwerkern gedichteten und verbreiteten Volksliedern ausge-

sprochen gesellschafts- und kirchenkritisch. Auch die organisierte Arbeiterbewegung hatte von Beginn an ihre Hymnen und Kampflieder, am bekanntesten wurde die „Internationale". Doch auch die Worksongs und Gospel der afroamerikanischen Sklaven sind häufig Protestsongs.

Seltener ist es, dass eine Melodie oder ein Lied symbolischen Charakter erhält, so etwa das eigentlich unpolitische „Grandola", das zum Erkennungszeichen der portugiesischen Nelken-Revolution 1974 wurde.

Eine neue Welle des politischen Liedes – auch wegen der Wirksamkeit der elektronischen Medien – setzte in den 1960er Jahren des 20. Jahrhunderts ein. Bob Dylan, Joan Baez und Pete Seeger gehören nur zu den prominentesten eine Vielzahl von Singer/Songwriters, die mit ihren Songs gegen Vietnam-Krieg, Rassendiskriminierung und andere Missstände protestierten. Doch auch viele Rock- und Popmusiker schrieben politische Lieder, am bekanntesten davon ist John Lennon.

In der BRD gab es eine Liedermacherbewegung, zu der u.a. Hannes Wader gehörte. Von den Rockbands mit gesellschaftlichen Texten war „Ton Steine Scherben" am wirksamsten. In der DDR hatten Rock und Songwriting eine ambivalente Funktion zwischen Rebellion, versteckter Kritik in sogenannter „Sklavensprache" und angepasster Affirmation des Systems.

In Kolonien, Diktaturen und abhängigen Ländern entwickelten sich Musikstile als Ausdruck der kollektiven Identität. Unter dem nicht unumstrittenen Label Weltmusik errang in den letzten fünfzig Jahren Musik aus Afrika, Lateinamerika, Asien und anderen Regionen verstärkte Aufmerksamkeit und wird auch dann als politisch verstanden, wenn die Inhalte es nicht primär sind.

Manche Tendenzen der populären Musik verstanden sich zumindest in der Frühphase im Sinne von >Gegenkulturen als genuin gesellschaftskritisch, so Punk und HipHop. Nicht zu übersehen ist in der Gegenwart die Tendenz des Rechtsrock, der rassistische und nationalistische Inhalte verbreitet, darunter auf Festivals wie im sächsischen Ostritz und im thüringischen Themar.

Narr

Die Hofnarren des Mittelalters hatten eine Art Ventilfunktion. Die Höflinge durften über sanfte Witze zu Lasten des Fürsten lachen, ohne Konsequenzen fürchten zu müssen. Waren diese Narren zumeist intelligente Possenreißer, so versammelte 1494 Sebastian Brant in seinem „Narrenschiff", einem der ersten Bestseller des Buchdrucks, ein Panoptikum menschlicher Torheiten.

Heute hat der Begriff Narr überwiegend eine negative Konnotation, auch wenn manche Comedians sich durchaus in der Traditionslinie der historischen Vorbilder sehen, so wie auch eine bekannte Satirezeitung „Eulenspiegel" heißt.

Nacktheit

Da heute in vielen Kulturen die Bekleidung zumindest der Geschlechtsorgane als Konvention außerhalb bestimmter Bereiche wie FKK-Strand und Sauna gilt, wird Nacktheit im öffentlichen Raum als Provokation angesehen und als solche auch manchmal im politischen Sinne eingesetzt.

Bekannt sind Aktionen von Tierschützern unter der Losung „Lieber nackt als im Pelz". Bei den Hippies der 1960er Jahre war Nacktheit ein Ausdruck der unkonventionellen >Lebensweise als Protest gegen das Establishment. Auch im Feminismus gibt es provozierende Aktivitäten mit Nacktheit, vor allem durch die aus der Ukraine stammende Gruppierung „Femen".

Bei manchen Demonstrationen dient Nacktheit als Protest gegen Mittelknappheit und Kürzungen, da man einem nackten Menschen nicht in die Tasche greifen kann.

Ohrfeige

Aus Gründen des politischen Protestes einen Politiker oder eine andere bekannte Persönlichkeit zu ohrfeigen hat nur Effekt, wenn es vor großer Öffentlichkeit oder in Anwesenheit von Medienvertretern passiert. Berühmt wurde die Ohrfeige der französischen Journalistin Beate Klarsfeld für Bundeskanzler Kurt Georg Kiesinger 1968 wegen seiner NS-Vergangenheit.

Offener Brief

Offene Briefe werden an bestimmte Personen oder Institutionen adressiert, aber veröffentlicht, um auf Missstände hinzuweisen, Forderungen zu stellen oder strategische Veränderungen anzumahnen. War bis vor Kurzem die Bereitschaft bestimmter Medien zur Veröffentlichung oder ein bezahlter Anzeigenplatz in diesen

notwendig, um wirklich wahrgenommen zu werden, so ist durch
das Internet es heute viel einfacher. Zugleich kommt es dadurch
zu eine Inflation dieser Aktionen, die meist nur noch Wirksamkeit
haben, wenn es prominente Verfasser und/oder Unterzeichner
gibt.

Öffentliche Veranstaltungen

Veranstaltungen, die zumeist einem bestimmten Personenkreis
vorbehalten sind, für alle Interessenten zu öffnen, kann ein
wirksames Mittel der Debatte über brisante Themen sein. In den
1960er wurden öffentliche Vorlesungen und Seminare an Hochschulen unter dem Begriff >Teach In bekannt.

Outing

„Ich bin schwul, und das ist gut so." Mit diesem Satz wurde Klaus
Wowereit berühmt, als er 2001 zum Regierenden Bürgermeis-
ter Berlins gewählt worden war und mit dem Bekenntnis einer
Kampagne der Boulevardmedien zuvorkam. Das Outing von Homo-
oder Transsexuellen ist eine Form des Protests gegen Doppelmoral
und reaktionäre Gesellschaftsentwürfe, doch auch das Offenlegen
von schweren Krankheiten durch prominente Persönlichkeiten
kann man dazu zählen.

Mit der Me too-Bewegung erhielt das Outing eine ganz neue
Dimension, indem Opfer sexueller Gewalt, in der großen Mehr-
heit Frauen, von ihren Erfahrungen berichten, die sie bisher aus
Scham oder Angst vor Rache verborgen hielten.

Parade

Der Begriff kommt aus dem Militär (parieren gleich abwehren)
wie auch dem Pferdesport. Militärparaden sind auch heute noch
zu bestimmten Anlässen üblich.

Als Form des politischen Protests sind Paraden heute eine
Mischung von >Demonstration und >Party. Die Love Parade zog in
den 1990er Jahren in Berlin bis zu eine Millionen Teilnehmer an.
Sie wurde als politische Demonstration unter dem Slogan „Friede,
Freude, Eierkuchen" angemeldet, war aber mehr ein hedonisti-
scher Rave. Als Ausdruck einer vom Mainstream abweichenden
>Lebensweise hatte sie aber dennoch gesellschaftliche Dimensi-
onen.

Ähnlich angelegt, aber politisch brisanter, sind Pride Parade und Christopher Street Day, welche die Akzeptanz und Gleichberechtigung queerer Identitäten fantasievoll einfordert. Ähnlich ausgerichtet ist der >Slut Walk. Die Hanfparade hingegen tritt für eine Legalisierung von Cannabis ein.

Es gibt auch Paraden von lokarer Bedeutung wie die Leipziger Global Space Odyssey, die für bessere Existenzbedingungen der Clubszene in der Stadt kämpft.

Parodistische Organisationen

2004 wurde in Leipzig die Front Deutscher Äpfel, kurz Apfelfront, unter dem Slogan „Nationale Initiative gegen die Überfremdung des deutschen Obstbestandes und gegen faul herumlungerndes Fallobst" gegründet. Der damalige Vorsitzende der NPD Sachsen hieß Holger Apfel. Der Gruß der Apfelfront war „Heil Boskop!", ihre Mitglieder traten vor allem bei rechtsradikalen Veranstaltungen in einer an SA-Uniformen erinnernden Kleidung an, um sie zu stören. Ein Gastspiel bei der Dokumenta 2018 in Athen war offenbar die letzte Aktion der Apfelfront.

In Wien entstand 2016 die Burschenschaft Hysteria. Die linke und feministische Organisation, der ausschließlich Frauen angehören, parodiert das nationalistische und patriarchalische Gehabe der traditionellen Burschenschaften. In mehreren Städten Österreichs und Deutschlands haben sich seitdem nach dem Vorbild der Hysteria weibliche Burschenschaften gegründet, so die Lethargia zu Jena und die Lascivia zu Leipzig.

Verwandt damit ist das Agieren von Die Partei und >Markenparodien wie Storch Heinar.

Partei gründen

Politische Parteien im modernen Sinne gibt es seit dem 18. Jahrhundert, auch wenn Whigs und Torries in England oder Ghibellinen und Guelfen in Italien schon Jahrhunderte zuvor gab. Die politischen Attribute links und rechts stammen aus der Sitzanordnung im ersten Parlament nach der Großen Französischen Revolution.

In Diktaturen gibt es manchmal auch zugelassene Pseudoparteien, manchmal eine, gelegentlich mehrere. In der DDR existierten fünf sogenannte Blockparteien in der „Nationalen

Front", von denen aber nur die machthabende SED politischen Einfluss hatte.

Es gibt demokratische Staaten mit einem starren Parteiensystem wie die USA, wo es mit Republikanern und Demokraten nur zwei nennenswerte Parteien gibt. In vielen Ländern aber ist das Parteiensystem in ständiger Bewegung und Parteigründungen können zu wirksamer politischer Einflussnahme führen. Das klassische Beispiel in der BRD sind die Grünen, während die vielen Neugründungen in der Endphase der DDR scheiterten oder mit westdeutschen Partnern fusionierten.

Ab 2006 erregte sie Piratenpartei Aufsehen, die schnell aufstieg und ebenso schnell an ihrem radikalen Anspruch absoluter Transparenz scheiterte. Gegenwärtig finden mehr oder weniger erfolgreiche Parteigründungen in Deutschland überwiegend im rechtsradikalen Spektrum statt. Der Erfolg einer radikalökologischen Partei links von den Grünen erscheint aber nicht ausgeschlossen.

Party

„You Gotta Fight for Your Right to Party!" sang 1986 die Hip-Hop-Band Beastie Boys. Auch wenn das eher eine Parodie auf Party-Songs war, wurde es zum Hit und zu einer politischen Hymne.

Vor allem in den hedonistischen 1990er Jahren wurden Partys – die größte von ihnen war die Love Parade – zum Ausdruck einer unangepassten >Lebensweise im Widerspruch zum Leistungsdruck der kapitalistischen Gesellschaft.

Performance

Die Performance ist eine Sparte der >Kunst seit reichlich hundert Jahren. Pioniere waren die Dadaisten, deren Anregungen in der zweiten Hälfte des 20. Jahrhunderts Situationisten und Fluxus weiterführten. Auch wenn viele der Perfomances unpolitisch erscheinen, sind sie durch ihre Infragestellung des Kunstbegriffs und teilweise provokative Akte gesellschaftlich wirksam.

Berühmt wurden die Aktionen der serbischen Künstlerin Marina Abramovic. Ausdrücklich politische Performances sind zumeist sehr radikal. So setzte sich der russische Künstler Pjotr Pawlenski 2013 nackt auf den Roten Platz in Moskau unmittelbar vor

der Machtzentrale Kreml und nagelte seinen Hodensack auf dem
Pflaster an.

Petition

In demokratischen Staaten haben alle Bürger die Möglichkeit,
Petitionen mit politischen Forderungen einzureichen, auf lokaler,
regionaler und zentraler Ebene. Für eine Annahme zur Bear-
beitung wird durch die Organe eine Anzahl von Unterstützern
festgelegt. Durch bestimmte Internetplattformen ist diese Art
der Unterschriftensammlung stark vereinfacht worden. Zugleich
nimmt damit die Anzahl der Petitionen enorm zu.

Piratensender

In den meisten Staaten ist die Vergabe von Rundfunklizenzen
und -frequenzen durch staatliche Institutionen reguliert. Dennoch haben Aktivisten immer wieder Möglichkeiten gefunden,
nicht genehmigte Piratensender einzurichten. Diese waren
manchmal nur temporär aktiv und fast immer in einem engen
lokalen Wirkungskreis, so wie bei der Bunten Republik Neustadt
in Dresden in den frühen 1990er Jahren.

Es gibt immer noch Piratensender. Doch sie haben ihren klandesti-
nen Charakter verloren, da heute ohne großen Aufwand jeder ein In-
ternetradio eröffnen kann, und auch das Genre der Podcasts boomt.

Von den Piratensendern sind die freien Bürgerradios zu unterscheiden. Dies sind basisdemokratisch gegründete und durch
Vereine verwaltete Radiosender mit offizieller Lizenz. Inhaltlich
haben sie dennoch häufig eine oppositionelle Ausstrahlung. Ähnlich angelegt sind Universitäts- und Hochschulradios.

Plakat

Das gedruckte, seltener handgefertigte, Plakat ist eines der
traditionellen Mittel zum Ausdruck politischer Haltungen, zum
Aufruf für Aktionen oder zur Verurteilung von Zuständen. Mit der
Erfindung preisgünstiger Vervielfältigungstechniken im 19. Jahrhundert, vor allem der Lithografie, erlangte das Plakat massenhafte Verbreitung und wurde auch von namhaften Künstlern als
Ausdrucksform genutzt.

Durch immer billigere und dabei qualitativ bessere Reprodukti-
onstechniken hat das Plakat nicht nur in der Werbung, sondern

auch für politische Zwecke nach wie vor eine große Bedeutung. Allerdings muss es sich in der Masse der Außenwerbung durchsetzen können, am besten durch gute Gestaltung. Da legale Plakatierungsflächen mit hohen Kosten verbunden sind, bleibt meist nur eine nicht genehmigte Plakatierung für kleinere Initiativen übrig.

Plündern

Bei eskalierenden >Demonstrationen und spontanen >Riots kommt es nicht selten zu Plünderungen von Geschäften, Gaststätten und anderen Einrichtungen. Diese Gewalt ist nicht nur illegal und strafbar, sie ist nicht zielführend zur Durchsetzung politischer Forderungen, nützt ausschließlich politischen Gegnern.

Poetry Slam

Die Veranstaltungsform wurde 1986 erstmals in Chicago durch Marc Kelly Smith praktiziert. Jeder, der Texte schreibt, kann teilnehmen und sich dem Urteil des Publikums stellen. Damit ist Poetry Slam per se eine basisdemokratische Alternative zum häufig elitären Literaturbetrieb. Auch soziale Außenseiter haben eine Chance, gehört zu werden.

Die Inhalte der Texte sind aber nicht unbedingt politisch. Satire überwiegt, sie kann jedoch auch gesellschaftskritisch sein. Zudem gibt es Spezialformen mit festgelegten Themen, die nicht selten auf aktuelle Diskurse ausgerichtet sind.

Political Correctness

Die „PC" ging von Studenten amerikanischer Hochschulen seit den 1970er Jahren aus, um über sprachliche Sensibilisierung die Situation von Frauen sowie Minderheiten wie Afro- und Hispanoamerikanern und Homosexuellen zu stärken. In den 1990er Jahren verbreitete sich diese Haltung auch in Europa.

Charakteristisch ist das Gendern, also ein geschlechterneutraler Ausdruck für Personen. Zunächst herrschte im Deutschen als Alternative zum generischen Maskulinum das Binnen-I vor, also StudentInnen statt Studenten. Heute ist das Sternchen dominant – Student*innen oder aber neutrale Wortfindungen wie Studierende. Oder es wird grundsätzlich die weibliche Form verwendet.

Ethnische Gruppierungen sollen nur nach ihren Eigenbezeich-
nungen benannt werden, zum Beispiel Sinti und Roma. Neu ist
aber die Sprachregelung POC (People of Color) für Nichtweiße.

Die Political Correctness wird heftig diskutiert, da sie gelegentlich zu Übertreibungen führt, häufig neue, kaum noch verständ-
liche Sprachregelungen einführt (BIPOC statt POC oder LGBTQIA*
statt LGBT) und es interne, entsolidarisierende Auseinandersetzungen zwischen ihren Akteuren gibt.

Porträt

Bildnisse von Anführern politischer und sozialer Bewegungen
stehen in der Tradition der Heiligenbilder in christlichen Kirchen,
haben ein Pendant aber auch in der heroisierenden Darstellung
von Herrschern.

Durch schnelle Vervielfältigungstechniken und mehr noch die
elektronischen Medien werden seit dem 20. Jahrhundert Porträts
massenhaft verbreitet. Bei den Studentenbewegungen der 1960er
Jahre waren vor allem die ikonisch standardisierten Bildnisse von
Mao, Ho Chi Minh und vor allem Ernesto „Che" Guevara beliebt.

2008 wurde das von Shepard Fairey in den Nationalfarben Blau,
Rot und Weiß geschaffene Porträt Barak Obamas, des ersten
schwarzen Präsidenten der USA, mit dem Schriftzug „Hope"
schnell bekannt und fand viele Nachahmungen.

Putsch

Bei einem Putsch übernimmt die Militärführung die Macht in
einem Land. Das ist fast immer reaktionär und antidemokratisch.
Eine Ausnahme ist die sogenannte Nelkenrevolution 1974 in
Portugal, bei der das faschistoide Salazar-Regime durch einen
Militäraufstand gestürzt und das Land in eine demokratische
Republik umgewandelt wurde.

Rebellion

Rebellion ist ein unscharfer Sammelbegriff für viele Arten von
Protest und Widerstand vom Widersprechen gegen Autoritäten bis
zum bewaffneten Aufstand.

Reclaim the Street

Die „Rückeroberung der Straße" ist Protest gegen die Privati-
sierung des öffentlichen Raumes oder die Vereinnahmung des
Stadtraumes durch den motorisierten Verkehr, kann aber auch
darüber hinausgehende politische Forderungen verbreiten. RTS
findet zumeist in Form nicht angemeldeter Straßenfeste, Karne-
vals, Konzerte oder auch als Fußballspiel auf einer Straßenkreu-
zung statt.

Eine Sonderform ist >Critical Mass. Eine andere spezifische
Aktion ist der No Parking Day, der in vielen Ländern am dritten
Freitag im September begangen wird. Anwohner und andere Aktivisten verwandeln Parkspuren von Straßen temporär in öffentlich
nutzbaren Raum. Manchmal wird Rollrasen ausgelegt, manchmal
sind es nur Absperrungen, um auf dem gewonnenen Platz Sitzge-
legenheiten, Spielplätze und Picknicks zu organisieren und Feste
zu feiern.

Rede

Eine Blütezeit der politischen Rhetorik war die griechisch-römi-
sche Antike. Im Mittelalter trat die christliche Predigt an diese
Stelle. Als diese im Zuge der Reformationen in den jeweiligen
Volkssprachen gehalten wurden, konnten sie auch zur Agitation
genutzt werden wie im Bauernkrieg u.a. durch Thomas Müntzer.
In vielen >Revolutionen gab es begnadete Redner, welche die
Massen mobilisieren und lenken konnten. Legendär waren die
häufig mehrstündigen Stegreif-Reden Fidel Castros in Kuba.
Manche Zitate aus Reden sind „geflügelte Worte" geworden, so
„I have a dream", der Auftakt der Rede des Bürgerrechtlers Martin
Luther King am 28. August 1963 beim Marsch auf Washington.
Bekannt wurde auch das anklagende „How dare you?" der Klima-
schutzaktivistin Greta Thunberg in ihrer Rede von der UN-Vollver-
sammlung 2019.

Redenmarathon

Die als Filibuster bezeichneten vielstündigen Dauerreden zur
Verzögerung oder gar Verhinderung von Abstimmungen sind vor
allem aus dem Senat der USA bekannt. Solche Ermüdungsre-
den gab es aber schon im antiken Rom. In vielen Parlamenten,
darunter dem Repräsentantenhaus der USA und dem Deutschen

Bundestag, ist dies durch Begrenzung der Redezeit nicht möglich. Hier gibt es allerdings das Mittel, mit >massenhaften Anträgen und Anfragen, Entscheidungen zu erschweren.

Religion
Ob eine Religion oder die Zugehörigkeit zu dieser systemerhaltend oder oppositionell ist, hängt von den gesamtgesellschaftlichen Bedingungen ab. Religiöse Bewegungen können einen Umbruch anstreben, so wie es bei der Islamisierung des Mittelmeerraumes im Mittelalter war. Auch heute wollen radikale Islamisten nicht nur toleriert werden, sondern eine Deutungshoheit erlangen.

Das Christentum war bis zum Mailänder Edikt Kaiser Konstantins 313 im Römischen Reich eine verfolgte Religion, das Bekenntnis dazu kostete vielen Christen das Leben. Die gewaltsame Unterdrückung von religiösen Minderheiten existiert bis in die Gegenwart wie beispielsweise bei den muslimischen Uiguren wie auch der Falun Gong-Sekte in China oder Christen in verschiedenen vom Islam geprägten Ländern. Doch auch zwischen Abspaltungen innerhalb der Religionen hat es immer wieder gewaltsame Auseinandersetzungen gegeben und gibt es immer noch, in der Gegenwart vor allem zwischen muslimischen Sunniten und Schiiten.

In den offiziell nichtreligösen sozialistischen Ländern des 20. Jahrhunderts war die Zugehörigkeit, mehr noch das demonstrative Bekenntnis zu einer Religion ein oppositioneller Akt, wenn auch nicht unbedingt von den Gläubigen als solcher verstanden und angestrebt. Eine starke Rolle spielte die katholische Kirche beim Umbruch im sozialistischen Polen, befördert durch die Wahl Karol Wojtylas zum Papst 1978. In der DDR hingegen bot vor allem die evangelische Kirche Schutzräume für Oppositionelle, die nicht in jedem Fall Gläubige waren. So wurden viele kritische Texte mit dem Aufdruck „Nur für den innerkirchlichen Dienstgebrauch" gedruckt und legal verbreitet. Auch die sogenannten Umweltbibliotheken fanden häufig Platz in kirchlichen Einrichtungen.

Revolte
Im Unterschied zur >Revolution und dem >Aufstand ist die Revolte zumeist auf die Durchsetzung von Interessen einer begrenzten Gruppe gerichtet, wie etwa Gefängnisrevolten zur Verbesserung

der Haftbedingungen. Bei Revolten von Militäreinheiten oder auf
Schiffen spricht man von >Meuterei.

Revolution

Eine Revolution zielt auf die grundlegende Umwälzung der
gesellschaftlichen Verhältnisse. Im gesellschaftlichen Sinne
wurde erstmals in England 1688 von der Glorious Revolution
gesprochen, in welcher die konstitutionelle Monarchie einge-
führt wurde. Die Große Französische Revolution 1789 beendete zumindest vorläufig die Macht von Königtum und Adel in
Frankreich. Weitere bürgerliche Revolutionen gab es bis ins 20.
Jahrhundert hinein.

Die russische Oktoberrevolution war die erste, welche die
Überwindung des kapitalistischen Wirtschaftssystem zum Ziel
hatte. Viele Revolutionen des 20. Jahrhunderts strebten die
Befreiung von kolonialistischer Fremdherrschaft oder von Diktaturen an. Diese Tendenz setzte sich mit dem Arabischen Frühling
2011/2012 fort. Heutige revolutionäre Bewegungen kämpfen
zumeist um die Herstellung oder Verteidigung demokratischer
Verhältnisse wie in Belarus, Thailand oder Hongkong.

Riot

Das englische Wort Riot lässt sich zwar mit >Aufstand übersetzen,
doch steht es im allgemeinen Sprachgebrauch häufig für gewalttätige Ausschreiten als Begleiterscheinung ansonsten friedlicher
Protestformen, verbunden mit >Brandstiftungen, >Plünderungen
und Gewalt gegen Polizei und andere Sicherheitskräfte.

Rückgabe einer Ehrung

>Ablehnung einer Ehrung

Sabotage

Der seit dem 19. Jahrhundert gebräuchliche Begriff leitet sich
wohl vom französischen Wort Sabot (Holzschuh) ab, welcher
in die Dreschmaschinen eingeworfen wurde. Er bezeichnet das
Stören und Unterlaufen von Prozessen in Produktion, Transport,
Bau usw.

Eine frühe Form war die Maschinenstürmerei im Zeitalter der
Industrialisierung. Bis heute gibt es vorsätzliche Beschädigun-

gen von Maschinen, Apparaturen und militärischen Anlagen, die
effektivste Form der Gegenwart ist aber das >Hacking. Doch auch
das >Schottern und die >Bombendrohung stellen Formen der Sa-
botage dar.

Satire
Eng verwandt mit der >Ironie dient die Satire mit diversen sti-
listischen Mitteln wie Übertreibung oder Bagatellisierung der
Lächerlichmachung von Personen, Institutionen oder Zuständen
in Text und Bild. Typisch für die Verbreitung sind Zeitungen und
Zeitschriften, Fernsehsendungen, Bühnenshows und Internet-
posts, aber auch >Streetart oder >Performance kann satirischen
Charakter haben.

Schottern
Um die Castor-Transporte radioaktiv strahlenden Materials in das
Zwischenlager Gorleben möglichst lange aufzuhalten, entfernten
Aktivisten Schotter aus dem Gleisbett der Zugstrecke, so dass die
Sicherheit bis zur Wiederherstellung der Strecke nicht gegeben
war.

Schulstreik
Schulstreiks zur Durchsetzung bestimmter Forderungen gibt es
seit mindestens 100 Jahren in vielen Ländern, unter anderem
zur Überwindung der Rassendiskriminierung in den USA und der
Apartheid in Südafrika.
   Heute assoziiert man mit dem Begriff vor allem die Fridays
for Future-Bewegung, initiiert durch die damals 16jährige Greta
Thunberg, die seit August 2018 jeden Freitag in einen individuellen Schulstreik trat, um gegen die ineffektive Klimapolitik der
Regierung(en) zu protestieren. Da sich weltweit nicht nur Schüler
anschlossen, sondern viele Bevölkerungsgruppen wie Scientists
for Future und Parents for Future, hat es bisher mehrere globale
Klimastreiks gegeben.

Schwarzfahren
Das Schwarzfahren in öffentlichen Verkehrsmitteln ist als „Er-
schleichung einer Beförderungsleistung" illegal und wird bis hin
zu Gefängnisstrafen geahndet.

Um gegen zu hohe Ticketpreise und/oder schlechte Qualität
des ÖPNV zu protestieren, gibt es eine Gesetzeslücke. Wenn man
deutlich macht, z.B. durch einen Sticker an der Kleidung oder
ein Schild, dass man ohne Fahrschein fährt und dies inhaltlich
begründet, gilt es nicht als „Erschleichen". Der Tatbestand wird ja
öffentlich gemacht.

Gerichte haben solche Vorgänge aber unterschiedlich interpretiert. Jedenfalls sollte man sich für solche Aktionen zu größeren
Gruppen zusammenschließen.

Schweigen

Das Schweigen als Gegenteil von Sprechchören oder Lärm ist bei
bestimmten Aktionen wirksam. Häufigste Form ist die Schweige-
minute, um Opfer von Gewalt, aber auch Katastrophen, zu ehren.
Demonstratives Schweigen bei Vorlesungen und anderen Veranstaltung kann die Ablehnung auftretender Personen ausdrücken.
Eine besondere Form ist der Schweigemarsch.

Selbsthilfe

Bei Mängeln oder dem Ausfall von Leistungen der öffentlichen
Hand ist die Selbsthilfe immer auch ein Protest gegen die Struk-
turen. In Slums kann dies bis zur Organisation der Wasser-,
Strom-, Lebensmittelversorgung und ärztlichen Leistungen gehen.

Ein anderer Ansatz ist Selbsthilfe im Sinne von Konsumkritik
und >alternativer Ökonomie. Dazu gehören Volxküchen, Selbsthilfewerkstätten, Umsonstläden und >Gardening.

Selbstmord

Der Suizid ist eine extreme Protestform. Legendäres Vorbild ist
Lucretia, eine römische Adlige im 6. Jh.v.C., die sich aus Pro-
test gegen ihre Vergewaltigung erstach und damit den Sturz des
Königshauses auslöste.

Ultima Ratio ist der Selbstmord häufig, um einer Gefangen-
nahme zu entgehen. So erschoss sich im September 1973 der
chilenische Präsident Salvador Allende, um nicht in die Hände der
Putschisten zu fallen.

Eine besonders öffentlichkeitswirksame Form ist die >Selbstver-
brennung. Der Selbstmordanschlag hingegen ist ganz eindeutig
eine Form von >Terrorismus.

Selbstverbrennung

Als sich am 17. Dezember 2010 der tunesische Gemüsehändler
Mohamed Bouazizi selbst verbrannte, war das ein Fanal für den
Volksaufstand, der zum Sturz von Diktator Ben Ali führte und
darüber hinaus den „Arabischen Frühling" in mehreren Ländern
initiierte.

Diese radikale Form des Protests hat Tradition. Während
des Vietnamkrieges verbrannten sich mehrfach buddhistische
Mönche. Am 19. Januar 1969 zündete sich der tschechische
Student Jan Palach auf dem Prager Wenzelsplatz an aus Protest
gegen die sowjetische Invasion, die den Prager Frühling gewaltsam beendete.

Shitstorm

Noch vor zehn Jahren verstand man unter diesem Begriff den
massenhaften Versand von Emails an eine bestimmte Adresse,
wodurch dieses Postfach wegen Überlastung zeitweilig lahm
gelegt wurde.

Heute meint man mit Shitstorm massenhafte Kommentare oder
Erwähnungen des betreffenden Accounts in Sozialen Netzwerken
als Widerspruch gegen bestimmte Posts, Tweets oder auch Handlungen und Äußerungen außerhalb des Internets.

Das ist völlig legal, aber zunehmend verroht diese Art der Auseinandersetzung, wird zum Mobbing bis hin zu offenen Drohun-
gen. Hinzu kommt, dass sogenannte Bots, also Online-Roboter,
automatisch Kommentare generieren und vervielfältigen.

Sit In

Am 1. Februar 1960 nahmen vier afroamerikanische Jugendliche
in einem Imbiss in North Carolina Platz, in dem nur Weiße be-
dient wurden, und blieben aus Protest sitzen. Das war das erste
Sit In. Während der 1968er Unruhen in den USA wurde auch die
Besetzung von Universitätsräumen so bezeichnet.

Sitzstreik

Eher eine Art der Blockade als ein Streik im herkömmlichen
Sinne ist der Sitzstreik, bei dem möglichst viele Personen sich im
öffentlichen Raum, öffentlichen Einrichtungen oder auch privaten
Räumen, z.B. Firmen, sich auf den Boden setzen, um den Verkehr

oder den Geschäftsablauf zu behindern. Eine Sonderform ist das
>Sit In.

Smartmob
Vom häufig sinnfreien >Flash Mob unterscheidet sich der Smart
Mob durch die gezielte Organisation einer zumeist über >Soziale
Netzwerke verabredeten Gruppe von Teilnehmern. Eine spezifische
Form ist das erstmals 2002 in Hamburg praktizierte Radioballett,
bei dem Personen im urbanen Raum, bevorzugt auf belebten
Plätzen oder bei Volksfesten, über Kopfhörer Anweisungen für ihr
Handeln erhalten und diese kollektiv ausführen.

Song
>Musik

Soziale Medien
Angefangen mit Chatrooms entwickelten sich ungefähr um die
Jahrtausendwende verschiedene Soziale Medien. Dabei gibt es eine
starke Fluktuation. Viele frühe Formen wie Myspace oder StudiVZ
sind verschwunden, andere wie TicToc steigen schnell auf.
   Für Widerstand und Protest sind die langlebigeren Medien von
Interesse. Facebook wurde vom Marc Zuckerberg 2004 gegründet
und erlebte einen steilen Aufstieg. Heute wird es von Jugend-
lichen weniger genutzt und ist auch wegen seines Geschäftsge-
barens in der Kritik. Dennoch ist es immer noch eine wichtiges
Mittel sowohl zur gesellschaftlichen Kritik und Diskussion als
auch zur Mobilisierung für diverse Aktionen.
   Höhere gesellschaftliche Relevanz hat heute Twitter, 2006
entstanden. Der Kurznachrichtendienst war ursprünglich auf 140
Zeichen pro Tweet begrenzt, heute sind es 280. Durch angehäng-
te Tweets und die Einbindung von Bildern und Videos kann man
den Umfang aber ausweiten.
   Instagram wurde 2010 gegründet und gehört heute zu Facebook. Das Medium ist eigentlich primär auf Bilder orientiert. Da
man aber Texte hinzufügen kann und Kommentare möglich sind,
ist es auch zu einem Medium der Debatte und der Mobilisierung
geworden.
   Youtube, seit 2005 existierend, ist auf Videos spezialisiert.
Vieles dient nur der Unterhaltung, doch es gibt auch diverse poli-

tische Inhalte. Aufsehen erregte das Video des Entertainers Rezo „Die Zerstörung der CDU" 2019.

Soziale Medien sind in ständiger Bewegung, benötigen hohe Aufmerksamkeit für eine aktive politische Nutzung. Sie bieten gegenwärtig aber auch ein enormes Potenzial, das weit über die tradierten Medien hinaus geht. Das liegt vor allem an der Möglichkeit, das praktisch jede Person mit Internetzugang aktiv werden kann. Darin liegt aber auch die Gefahr von Fake News, ungefilterter Hetze und Shitstorms.

Slutwalk

Slut, zu deutsch Schlampe, ist ein grobes Schimpfwort. 2011 sprach ein kanadischer Polizist in einer Veranstaltung davon, dass Frauen sich nicht wie Schlampen kleiden sollten, wenn sie nicht Opfer sexueller Gewalt werden wollen. Das ist eine klassische Täter-Opfer-Umkehr. Seitdem gibt es in vielen Städten der Welt, auch in Deutschland, Slutwalks, also Demonstrationen von Frauen, bei denen sie bewusst in ihrem Erscheinungsbild dem Klischee der Schlampe entsprechen. Damit wird der Begriff positiv angeeignet, um gegen Sexismus zu protestieren. Es gibt aber auch Kritik von Feministinnen an dieser Interpretation.

Speakers Corner

Formal ist die Möglichkeit, an bestimmten öffentlichen Plätzen frei seine Meinung vor Publikum ausdrücken zu können ein Mittel, seine Ablehnung gesellschaftlicher Zustände zu demonstrieren. Die Beliebigkeit dieser Option schränkt allerdings die Wirksamkeit ein. Vorbild ist die berühmte Speakers Corner im Londoner Hide Park. Heute ist das Reden in der Öffentlichkeit durch die Möglichkeiten des Internets in den Hintergrund getreten.

Eine besondere Form, zu der Mut gehört, ist es, bei >Kundgebungen mit Offenem Mikrofon eine andere Haltung zu äußern, als die Teilnehmer der Veranstaltung es erwarten.

Sprache

Bei unterdrückten Völkern oder ethnischen Minderheiten ist das heimliche oder demonstrative Festhalten an der eigenen Sprache ein Akt des Widerstandes. Ein eher unterschwelliger Protest drückt sich hingegen in bestimmten Jargons wie der sogenannten

Jugendsprache, in einem Soziolekt oder dem Slang von Minderheiten aus bzw. der bewussten Missachtung sprachlicher Konventionen.

Ihr subversives Potenzial verlieren die sprachlichen Besonderheiten, wenn sie offiziell anerkannt oder gar vorgeschrieben werden wie beispielsweise das „Gendern" von Personenbezeichnungen, also die Aufhebung des generischen Maskulinums.

In autokratischen Ländern mit offener oder indirekter Zensur dient das „Lesen zwischen den Zeilen", die Mehrdeutigkeit und die „Sklavensprache" speziell in Literatur und populärer Musik dazu, verdeckte politische Botschaften zu transportieren.

Sprechchor
Das Skandieren von Losungen bei Demonstrationen und Kundgebungen soll teilweise auf das Anliegen der Proteste aufmerksam machen, gibt den Protestierenden aber auch ein Gefühl der Gemeinsamkeit, kann dabei helfen, Angst vor Repression einzudämmen. Berühmt wurde der Ruf „Wir sind das Volk!" bei den Demonstrationen der Friedlichen Revolution in der DDR im Herbst 1989.

Staat gründen
Gemäß der 1933 verabschiedeten Konvention von Montevideo sind für die Gründung eines Staates vier Voraussetzungen nötig: eine ständige Bevölkerung, ein definiertes Gebiet, eine Regierung und die Fähigkeit, in Beziehungen zu anderen Staaten zu treten. Auch wenn Staatsgründungen aus Gründen des Protestes häufig nur symbolischen Charakter haben oder temporär bestehen, gibt es auch echte Gründungen im Sinne der Konvention.

Im Dokumentarfilm „Empire me" stellt der Autor Paul Poet sechs Mikronationen näher vor. Über 100 soll es geben bzw. gegeben haben. Zu den berühmtesten gehört die Freistadt Christiania innerhalb der dänischen Hauptstadt Kopenhagen, die 1971 durch die >Besetzung eines früheren Militärgeländes entstand.

Bekannte Beispiele fiktiver Staaten in Deutschland sind die Republik Freies Wendland, 1980 aus Protest gegen das Atommüll-Zwischenlager Gorleben ausgerufen, und die Bunte Republik Neustadt im Dresdener Stadtteil Äußere Neustadt.

Kulturell bedeutsam ist die Initiative Neue Slowenische Kunst (NSK), zu der u.a. die Band Laibach gehört. Im Sinne einer

Mikronation vergibt NSK an Interessenten Ausweispapiere und unterhält „Konsulate" in mehreren Ländern, hat aber kein Staatsgebiet.

Stehen
Als 2013 bei den Gezi-Park-Protesten Kundgebungen untersagt wurden, stellte sich Erdem Gündüz still auf den Taksimplatz und starrte das große Porträt des Staatsgründers Atatürk am Kulturpalast an. Als Passanten darauf aufmerksam wurden, gab es Nachahmer, nicht nur in Istanbul. Zwar beendete die Polizei die eigentlich für einen Monat geplante Aktion schnell, doch das Bild des „Standing Man" wurde international zu einem Meme im Internet.

Sternmarsch
Es ist eine spezifische Form der >Demonstration. Die Teilnehmer starten von verschiedenen Punkten und treffen sich zu einem gemeinsamen Demonstrationszug oder einer abschließenden >Kundgebung.

Steuerverweigerung
Erst die vorsätzliche Verweigerung der Zahlung bestimmter Steuern, verbunden mit der öffentlichen Bekanntgabe, macht aus dem strafbaren Akt der Steuerhinterziehung eine Protestform. Dies schließt aber die Bestrafung bzw. zwangsweise Vollstreckung der Steuern nicht aus.

Stören von Veranstaltungen
Eingriffe in öffentliche Zusammenkünfte, auch gewalttätige, gab es schon immer. Als programmatische Aktionsform wurde das Stören von Veranstaltungen wie Vorlesungen und Diskussionsforen in den späten 1960er Jahren in der Studentenbewegung entwickelt, unter anderem durch die Gruppierung „Subversive Aktion". Heute gerät diese Form des Protests im Rahmen der Debatte um Cancel Culture zunehmend in die Kritik.

Strafanzeige
>Anzeige

Straight Edge

Die in den 1980er Jahren populär gewordene, vor allem durch
Punk-Bands propagierte Bewegung plädiert für einen radikalen
>Verzicht – kein Alkohol, kein Nikotin, keine Drogen – aber auch
sexuelle Zurückhaltung. Politisch ist die >Bewegung schwer zu
lokalisieren, es gibt linksextreme Bands, vor allem in den USA
aber auch rechtsextreme, die sich Straight Edge zuordnen.

Streetart

Der Begriff ist eine Sammelbezeichnung für verschiedene mehr
oder weniger künstlerische Ausdrucksweisen im öffentlichen
Raum. Durch die Aneignung des öffentlichen oder privatisierten
Raumes ist Streetart per se eine Art des Protests, häufig gibt es
aber auch explizit politische Aussagen.

Die klassische, in den 1970er Jahren in den USA entstandene,
Form sind mit Farbsprühdosen entstandene Graffiti, die auf Wän-
de oder auch Fahrzeuge gesprüht werden. Seitdem hat sich die
Szene diversifiziert von kurzlebigen Marker- oder Kreide-Schriftzü-
gen über Klebebilder bis zu riesigen Farbroller-Bildern.

Sonderformen sind dreidimensionale Installationen oder das
Urban Knitting (auch als Yarn Bombing oder Guerilla Knitting
bezeichnet). So wurde beispielsweise ein Panzer vor dem Mili-
tärhistorischem Museum Dresden komplett mit buntem Gestrick
verhüllt.

Viele Formen der Streetart gelten als Sachbeschädigung und
werden strafrechtlich verfolgt.

Streik

Streiks gehören zu den tradierten Protestformen, vor allem um
soziale Forderungen durchzusetzen. Das in England seit dem
späten 18. Jahrhundert verwendete Verb „to strike" für eine Ar-
beitsverweigerung ist seit 1810 als Lehnwort auch in Deutschland
bekannt.

Waren im 19. Jahrhundert Streiks zumeist spontan und illegal,
so regeln heute Gesetze in vielen Ländern den Ablauf ökonomisch
determinierter Streiks. Dabei stehen sich Gewerkschaften und
Vertretungen der Wirtschaft als Verhandlungspartner in einem
festgelegten Ritual gegenüber. Wird nach ersten Forderungen und
kurzen Warnstreiks keine Einigung erzielt, kommt es zum regu-

lären Streik. Der Verdienstausfall der Streikenden wird dabei zumeist durch die Gewerkschaft kompensiert. Ökonomische Streiks können auch mit >Besetzungen von Betrieben verbunden sein, wenn es um Werksschließungen geht.

Sonderformen sind der >Bummelstreik und >Dienst nach Vorschrift. Außerhalb der wirtschaftlichen Sphäre gibt es auch den internationalen Frauenstreik am 8. März zur Durchsetzung der Geleichberechtigung, Sexstreik und Gebärstreik, Haushaltsstreik und den >Schulstreik sowie den >Hungerstreik als radikale Form. Der >Generalstreik großer Teile der Bevölkerung hat fast immer politische Ziele.

Subkultur

Der Begriff Subkultur setzt voraus, dass es eine „offizielle" Kultur gibt, was kontrovers diskutiert wird. Da seit mindestens einem halben Jahrhundert diverse Moden und >Gegenkulturen immer schneller kommerzialisiert und in den Mainstream eingemeindet werden, erscheint das subversive Potenzial der Subkulturen nur noch begrenzt wirksam. Ein Blick in die Kommentarspalten >Sozialer Medien zeigt aber, dass unangepasstes Verhalten immer noch zu wütenden Reaktionen bei vielen intoleranten Mitmenschen führt.

Nicht alle Subkulturen sind gesellschaftskritisch. So ist zum Beispiel die Manga- und Cosplay-Szene sehr konsumaffin. Allein durch Outfit, musikalische Vorlieben und Kommunikationsweisen ist es heute kaum noch möglich zu provozieren, dafür sind konkrete politische Aussagen notwendig.

Symbole

Seit der Antike haben soziale und politische Gruppierungen wie auch Staaten bestimmte Symbole zur Identifikation. Auch militärische Einheiten und Adelsstämme schufen sich symbolische Merkmale. So geht das Lambda der heutigen rechtsextremen Identitären Bewegung auf eine Einheit der griechischen Spartaner im Kampf gegen die Perser zurück.

Der Rote Stern der Kommunisten ist ebenso bekannt und historisch belastet wie das Hakenkreuz der deutschen Nationalsozialisten, was eigentlich in verschiedenen Kulturen ein uraltes Sonnensymbol ist. In der zweiten Hälfte des 20. Jahrhunderts wurde der Stern der Friedensbewegung, entstanden in der englischen CND-Kampagne, populär.

In verschiedenen revolutionären Bewegungen sind Symbole häufig spontan entstanden. Dazu gehören die Regenschirme der Demokratie-Verteidiger in Hongkong, die Nelken der portugiesischen Revolution 1974 und die Rosen des Aufstandes in Georgien 2003.

Teach In

Das Teach In ist eine offene Diskussions- oder Lehrveranstaltung und wurde vor allem in den 1960er Jahren im Zuge der westeuropäischen und amerikanischen Studentenbewegung praktiziert.

Temporäre Skulptur, Mahnmal o.a.

Kunstwerke mit begrenzter Existenzdauer im öffentlichen Raum sind typisch für Biennalen oder die Dokumenta Kassel, viele davon haben auch gesellschaftskritische Aussagen so wie der von Olu Oguibes 2017 errichteten Obelisk auf dem Kasseler Königsplatz mit dem Bibelzitat „Ich war ein Fremdling und ihr habt mich beherbergt", der seit 2019 einen anderen Standort hat.

Wirklich subversiv sind temporäre Werke aber vor allem dann, wenn sie ohne offizielle Genehmigung errichtet werden. So erregte das Kollektiv für Aktionskunst „Zentrum für Politische Schönheit" am 22. November 2017 Aufsehen mit der Enthüllung eines dem Berliner Holocaustmahnmal nachempfundenen Stelenwaldes auf dem Nachbargrundstück des rechtsextremen AfD-Funktionärs Björn Höcke in seinem thüringer Wohnort Bornhagen.

Andere zeitweilige Installationen sind aus kurzlebigem Material wie Gips gefertigt. Es können Skulpturen aktueller Heldinnen und Helden sein, manchmal als Ersatz für gestürzte Denkmäler belasteter Personen.

Terrorismus

Von Terror wurde schon bei der Großen Französischen Revolution gesprochen, als hunderte „Gegner" hingerichtet wurden. Der Terrorismus im modernen Sinne ist ein Produkt des 19. Jahrhunderts. Politische Morde, Bombenanschläge und andere radikale Gewalt gegen Personen oder Sachen wurden zu einem Mittel des Widerstandes, speziell im Anarchismus.

Von den 1960er bis 1980er Jahren war linksextremer Terrorismus vorherrschend, beispielsweise mit den Aktionen der westdeutschen RAF oder den italienischen Roten Brigaden, aber auch Befreiungsbewegungen wie der palästinensischen PLO.

Heute dominieren rechtsextremer und religiös motivierter, speziell islamistischer, Terror. Die Anschläge vom 11. September 2001 waren ein Höhepunkt der islamistischen Gewalt. Typisch dafür ist, dass sich der Terror nicht mehr gegen Personen in verantwortlichen Positionen richtet, sondern gegen die Allgemeinheit, um eine Atmosphäre der Angst zu schaffen.

Rechtsextreme Gewalttäter hingegen suchen sich ihre Opfer zumeist nach ethischen oder religiösen Zugehörigkeiten oder politischen Standpunkten aus.

Neben Morden, Brand- und Bombenanschlägen sind heute auch Gift, radioaktives Material oder Krankheitserreger, zumeist per Post verschickt, Mittel des Terrorismus.

Theater

Amateur-Theater mit politischen Themen wird häufig zur gesellschaftlichen Auseinandersetzung genutzt. Am wirksamsten ist es als Straßentheater, wo auch zufällige Passanten teilhaben können.

Doch auch professionelle Theater sind häufig gesellschaftskritisch. Berühmt sind die provokanten Inszenierungen Christoph Schlingensiefs oder den auf intensiver Recherche beruhenden Stücke des Teams Rimini Protokoll.

Thesen

1517 schlug der Überlieferung nach Martin Luther nach 95 Thesen an die Tür der Schlosskirche zu Wittenberg an, die vor allem den Ablasshandel der katholischen Kirche kritisieren. Das soll der Beginn der deutschen Reformation gewesen sein, die zu einer Kirchenspaltung führte.

Auch heute kann die Veröffentlichung von Thesen provokatorischen Charakter haben. Dabei ist aber zu beachten, dass eine These keine Behauptung ist, deren man sich völlig sicher ist. Im wissenschaftlichen Sinne bedarf sie der Verifizierung bzw. Falsifizierung.

Tierbefreiung

Radikale Tierschützer dringen nicht nur in Anlagen der Massentierhaltung ein, um die dortigen Zustände zu dokumentieren, zumeist per Video. Manchmal befreien sie auch die dort gehaltenen Tiere. Das ist eine rein symbolische Handlung, da die Tiere in der „Freiheit" nicht überleben können. Hauptzweck der Aktionen ist, medienwirksame Aufmerksamkeit zu erregen.

Tortung

>Eier (u.a.) werfen

Trickspenden

Parteien, Organisationen und auch Einzelpersonen rufen häufig zu Spenden für die Umsetzung ihrer politischen Arbeit auf. 2015 kam eine satirische Organisation namens Antifa UG auf die Idee, zu Minimalspenden von 10 Cent per digitaler Zahlungsdienstleister an die AfD aufzurufen. Da diese Dienste pauschale Gebühren pro Überweisung erheben, wäre der Schaden für den Empfänger größer als der Nutzen. Außerdem werden die Empfänger durch die Anforderung von Spendenquittungen vor eine Herausforderung gestellt.

Das Verfahren ist in seiner Wirksamkeit umstritten. Manche Dienstleister haben unterdessen die Höhe der Mindestbeträge für Überweisungen angehoben.

Twittern

>Soziale Medien

Ultimatum

Das „Entweder Oder" ist eine Art, um eigene Forderungen nachdrücklich zu machen. Im Falle der Nichterfüllung folgt eine Eskalation. In bestimmten Fällen kann man das Ultimatum als Erpressung ansehen.

Umbenennung

Die Umbenennung von Straßen, Plätzen, Institutionen und ganzen Städten hat immer dann Hochkonjunktur, wenn es einen deutlichen Wechsel der Herrschaftsverhältnisse gegeben hat, wie 1945 in ganz Deutschland und 1990 in Ostdeutschland.

Dauerhafte, formelle Umbenennungen außerhalb eines solchen
„system change" bedürfen erheblichen gesellschaftlichen Drucks.
So legte die Universität Greifswald 2018 den 1933 verliehenen
Namen des Nationalisten und Antisemiten Ernst Moritz Arndt ab.
Nicht nur nach heutigem Verständnis belastete Personen stehen
in der Kritik, auch verallgemeinernde Begriffe mit rassistischem
Kontext wie „Mohrenstraße".

Neben den offiziellen Umbenennungen gibt es auch zeitweilige, zumeist durch Überkleben der Schilder von Straßen und
Einrichtungen. So wurden im Umfeld der Urteilsverkündung zum
NSU-Prozess in zwanzig deutschen Städten etwa 200 Straßen
temporär nach den Opfern dieser rechtsextremen Terrorserie benannt, zumeist solche, deren offizielle Namensgeber eine zweifel-
hafte Rolle im Verhältnis zum Nationalsozialismus hatten.

Undercover

Der Journalist Günter Wallraff nahm seit den 1970er Jahren
verschiedene Identitäten an, um unerkannt in unterschiedlichen
Berufen arbeiten zu können. So war er als Hans Esser Reporter
der BILD-Zeitung, als der Türke Ali jobbte er in diversen Unternehmen, darunter McDonalds. Seine Erfahrungen veröffentlichte
er, was häufig zu Skandalen und Prozessen führte.

Das Einschleusen von Personen in Parteien und andere Organisationen, um Informationen zu sammeln, ist auch in der Gegenwart ein bewährtes Mittel der Aufklärungsarbeit. Zum Teil ist dies
heute digital möglich, in dem man sich in eigentliche geschützte
Webseiten einhackt oder sich unter Pseudonym in geschlossene
Gruppen in Online-Foren einträgt, so wie es das Kollektiv „Die
Insider" bei AfD-Gruppen macht und Screenshots davon veröffentlicht.

Ungültig wählen

Seine Wählerstimme durch Durchstreichen oder Bemerkungen auf
dem Wahlzettel ungültig zu machen, hat nur Sinn bei undemo-
kratischen Pseudowahlen, bei denen praktisch keine Oppositionsparteien zugelassen sind. Doch selbst diese ungültigen Stimmen
können bei der Auszählung unterdrückt werden.

Unterschriftensammlung

Die Unterschriftensammlung auf Papier ist das klassische Mittel, um Petitionen oder Volksbegehren auf den Weg zu bringen. Heute geschieht dies häufig auf digitalem Wege und ist damit auch besser verifizierbar, um Doppelunterschriften zu vermeiden.

Untersuchungsausschuss

Bei vermeintlich skandalösen Vorgängen in staatlichen Einrichtungen können alle Vertreter von Parlamenten die Einsetzung eines Untersuchungsausschusses beantragen, welcher sowohl Verdächtige als auch Zeugen befragen sowie Einsicht in interne Dokumente beantragen kann.

Utopie

Der Begriff geht auf das 1516 erschienene Buch „Utopia" des englischen Humanisten Thomas Morus zurück. Das lateinische Wort bedeutet „kein Ort". Bei Morus ist dies eine Insel, auf der Bewohner in einem primitiven Urkommunismus zusammen leben. Ein anderes berühmtes Buch aus der Renaissance ist der „Sonnenstaat" Tommaso Campanellas von 1602.

Utopische Visionen und auch praktische Versuche der Durchsetzung sind aber viel älter. Ernst Bloch hat sie in seinem Buch „Das Prinzip Hoffnung" zusammenfassend dargestellt.

Heute scheinen Utopien selten geworden zu sein, das Gegenteil, die pessimistische Dystopie, überwiegt. Dennoch können utopische Gedanken immer noch einen motivierenden Effekt für soziale Bewegungen haben.

Vandalismus

Der auf den germanischen Stamm der Vandalen, die im frühen Mittelalter auf die iberische Halbinsel und nach Nordafrika vorgedrungen waren und dort Verwüstungen angerichtet hatten, bezeichnet Sachbeschädigungen inklusive Brandstiftungen. Häufig kommen sie im Zusammenhang mit >Riots vor. Vandalismus ist kontraproduktiv, erreicht keine politischen Ziele, trifft häufig Unschuldige und ist zumeist eine Frustbewältigung der Akteure.

Verbrennen von Fahnen und Flaggen

Fahnen bzw. Flaggen von Staaten oder Organisationen zu verbrennen aus Protest gegen deren allgemeine Politik oder aktuelle Ereignisse hat eine lange Tradition. Bei den Protesten gegen den Vietnamkrieg in den 1960er Jahren wurden bei Demonstrationen häufig US-Fahnen entzündet. Heute werden immer wieder israelische und auch US-Fahnen von islamistischen und anderen antisemitischen Gruppierungen verbrannt.

In der BRD ist das Verbrennen von offiziell anerkannten Fahnen und Flaggen von Staaten strafbar.

Vernichtung von Ressourcen

Bei Protesten von Bauern gegen die Agrarpolitik zugunsten der Großkonzerne und des Handels wurden wiederholt große Mengen Milch weggeschüttet und andere Produkte vernichtet.

Andererseits richtet sich der vielgestaltige Protest von ökologischen und konsumkritischen Organisationen gegen die Vernichtung von Lebensmitteln in Supermärkten wie auch das Vernichten von Retouren bei Handelskonzernen wie Amazon.

Verstecken von Personen oder Material

Der Spielberg-Film „Schindlers Liste" wurde 1993 ein Welterfolg. Die auf einer wahren Geschichte beruhende Inszenierung zeigt einen Unternehmer, der im NS-Regime Juden vor der sicheren Vernichtung bewahrte. In allen Diktaturen gibt es mutige Personen, die Verfolgte verstecken, damit sie nicht verhaftet, gefoltert und ermordet werden. Auch das Verstecken von belastendem Material gehört zu dieser Art von Widerstand. Besonders riskant ist das Verbergen von Waffen und Sprengstoff für Untergrundkämpfer.

Verzicht

Der Verzicht auf Waren und Leistungen kann eine Art der Konsum- und Kapitalismuskritik sein, wenn er politisch motiviert ist. In einer sanften Form gehört der Verzicht auf tierische Produkte, also Veganismus, dazu, eine radikale Variante ist der >Minimalismus bis hin zum „Aussteigen", also einer zurückgezogenen >Lebensweise mit dem Bestreben einer autarken Selbstversorgung.

Volksbegehren

Das Volksbegehren ist darauf gerichtet, eine parlamentarische Entscheidung auf direkte Weise, also nicht über die im Parlament vertretenen Parteien, zu erreichen. Dafür ist in einer festgelegten Zeit eine festgelegte Zahl verifizierbarer Unterschriften zu erreichen. Das Verfahren ist in demokratischen Ländern klar geregelt. Ein Begehren ist auch auf kommunaler Ebene möglich.

Volksentscheid

Der Volksentscheid, lokal auch als Volksabstimmung benannt, ist die Steigerungsform zum >Volksbegehren. Als Ergänzung zur parlamentarischen Vertretungsdemokratie ist es eine Möglichkeit der direkten Demokratie, Entscheidungen zu wichtigen Fragen ohne das Parlament zu erzielen. In der Schweiz haben solche Abstimmungen Tradition, in Deutschland kommen sie selten vor.

Wandmalerei

Verwandt mit der >Streetart ist Wandmalerei zumeist legal und wird aufwändiger mit Pinsel und Farbe umgesetzt. Berühmt sind die riesigen mexikanischen Murals, die seit den 1920er Jahren zum Teil von berühmten Künstlern wie Diego Riviera realisiert wurden. Doch bemerkenswert sind auch die auf Initiative eines Lehrers bis heute im kleinen sardinischen Ort Orgosolo seit den späten 1960ern mit häufig dezidiert politischen Aussagen entstehenden Wandbilder.

Warenboykott

>Boykott

Waschen einer Fahne

Am 1. September 1970 stellte sich der US-amerikanische Sänger und Schauspieler Dean Reed vor das Konsulat der USA in Santiago de Chile und wusch das Star-Sprangeld-Banner und wurde daraufhin verhaftet. Er protestierte damit sowohl gegen den Vietnam-Krieg als auch die Rassendiskriminierung in seinem Heimatland. Drei Jahre später wurde die linke Regierung Chiles mit Unterstützung der CIA im Putsch unter Führung Augusto Pinochets gestürzt.

Website

Seit der massenhaften Verbreitung des Internets ist es auch ein Mittel der politischen Arbeit, der Meinungsbildung und des Pro-

tests. In den 1990er galt noch eine sogenannte Netiquette, also
inoffizielle Regeln des höflichen Meinungsaustauschs. Heute dominieren Hetze und Beleidigungen bis hin zu Bedrohungen. Hinzu
kommt der Einsatz sogenannte Bots, also Computerprogramme,
die automatisch Kommentare generieren und weiterverbreiten.

Dennoch ist das Internet zum wichtigsten Medium der Massen-
kommunikation geworden, hat an Reichweite Printmedien, Radio
und TV hinter sich gelassen bzw. teilweise integriert.

Websites als Mittel von Protest und Widerstand können offizielle
Seiten von Organisationen sein, in denen Informationen verbreitet werden. Von Privatpersonen werden für diesen Zweck bevorzugt Blogs benutzt (ein Kürzel für Weblog, also Netztagebuch).
Wichtig ist dabei auch die Kommentarfunktion, die aber von
großen Medien wegen des massenhaften Missbrauchs kaum noch
freigeschaltet wird.

In den Vordergrund getreten sind heute Plattformen wie zum
Beispiel die linke Indymedia sowie die sogenannten >Sozia-
len Medien ohne zentrale Administration. Wurden diese in den
2000er Jahren als basisdemokratische Mittel der Diskurserwei-
terung gefeiert, ist heute Ernüchterung eingetreten. Dennoch
kommt politische Arbeit heute, selbst auf lokaler Ebene, kaum
noch ohne Nutzung des Internets aus. Hohe Medienkompetenz
mit ständigem Hinzulernen ist für die Administratoren dabei
unvermeidlich.

Wehrdienstverweigerung

Die Wehrdienstverweigerung ist nur in Ländern mit Wehrpflicht
ein wirksames Mittel des Widerstandes. In Deutschland wurde sie
2011 ausgesetzt. Doch schon vorher gab es Möglichkeiten, sich
zu verweigern. In der Bundesrepublik gab es den Zivildienst als
Alternative. In der DDR konnten Waffenverweigerer als sogenannte Spatensoldaten den Dienst ableisten. Totalverweigerer wurden
mit Haft bestraft.

Der Wehrdienst, soweit vorhanden, betrifft zumeist Männer. Nur
in wenigen Ländern besteht er auch für Frauen.

Whistleblowing

Das metaphorisch gemeinte Flötenspiel heißt, dass Insider Informationen über Missstände in Unternehmen, staatlichen Einrich-

tungen und dem Militär veröffentlichen. Das können Korruption, Vertuschung und Machtmissbrauch sein, aber auch kriminelle Handlungen bis hin zu Kriegsverbrechen. Der heute bekannteste Whistleblower ist Edward Snowden, der seit 2013 in Russland Asylstatus hat. Der frühere CIA-Mitarbeiter hatte geheime Dokumente veröffentlicht.

Whistleblowing überschneidet sich mit >Leaking und >Hacking. Da es als Geheimnisverrat und zuweilen auch Spionage gilt, ist es fast immer strafbar.

Witz

„Wer nicht hinter uns steht, sitzt" war einer der kürzesten, aber auch verbreitetsten Witze über die Staatsführung in der DDR. Der politische Witz ist eine Art unterschwelliges Ventil, seinem Frust über bestimmte Verhältnisse Ausdruck zu geben. In demokratischen Gesellschaften wird er durch Comedy, >Büttenreden und >Satirezeitschriften und -portale nahezu inflationär verbreitet, was die Wirksamkeit einschränkt. In autoritären Staaten aber kann die Verbreitung von Witzen strafrechtlich verfolgt werden.

Ziviler Ungehorsam

Der Begriff ist eine Sammelbezeichnung für verschiedene Formen des Widerstandes, die bewusst rechtliche Grenzen überschreiten, aber normalerweise gewaltfrei bleiben. Es geht dabei nicht um eine totale Opposition zu den bestehenden staatlichen Verhältnissen, sondern gezielte Übertretungen in bestimmten Bereichen, um Veränderungen zu erreichen. Da Gesetze verletzt werden, muss mit einer strafrechtlichen Verfolgung gerechnet werden.

Die moralische Rechtfertigung bezieht sich auf das Widerstandsrecht, so wie es unter anderem im Grundgesetz der BRD in Artikel 20, Absatz 4 formuliert wird: „Gegen jeden, der es unternimmt, diese Ordnung zu beseitigen, haben alle Deutschen das Recht zum Widerstand, wenn andere Abhilfe nicht möglich ist." Die Formulierung setzt aber einer rechtlichen Legitimierung sehr hohe Hürden, die Durchsetzung individueller Interessen ist definitiv ausgeschlossen.

Ein berühmtes Beispiel für Zivilen Ungehorsam ist das Verhalten von Rosa Parks, die sich 1955 als Schwarze in einem Bus

in Montgomery (US-Bundesstaat Alabama) weigerte, einen für
Weiße reservierten Sitzplatz freizumachen. Es war das Signal für
einen mehr als einjährigen >Boykott des Busunternehmens, was
schließlich zu einem Gerichtsbeschluss führte, der die Rassen-
trennung formell aufhob.

Formen des Zivilen Ungehorsams können auch begründete
>Steuerverweigerung, >Boykotte und >Blockaden sowie >Selbst-
verwaltung sein.

Gesellschaftliche Haltungen und Bewegungen und ihr Verhältnis zu Protest- und Widerstandsformen

Antifaschismus

Wie es die Bezeichnung sagt, steht der Antifaschismus in direkter Opposition zum Faschismus. Problematisch dabei ist, dass es diverse Definitionen für Faschismus gibt, die sich teilweise widersprechen.

In faschistischen und faschistoiden Regimen wie Hitlers NS-Diktatur, in Italien unter Mussolini oder Spanien unter Franco ist der aktive Widerstand mit verschiedenen Mitteln vom Flugblatt bis zum Partisanenkampf oder Attentaten mit dem Ziel verbunden, das Regime zu überwinden.

In demokratischen Staaten ist Antifaschismus eine politische Haltung, die sich mit faschistischen Einstellungen oder handlungen von Personen, Organisationen und Parteien auseinandersetzt um deren Erstarken oder gar eine Machtbeteiligung/-ergreifung zu verhindern. In den Aktionsformen unterscheiden sich diese beiden Situationen grundlegend.

Für heutige Rechte und Rechtsextreme, aber auch manche Konservative ist „Antifa" zu einem Feindbild geworden. So werden Verbote gefordert, obwohl es keine festen Organisationsstrukturen einer „Antifa" gibt, sieht man von der Vereinigung der Verfolgten des Naziregimes – Bund der Antifaschistinnen und Antifaschisten (VVN-BdA e.V.) ab, die 1947 gegründet wurde. Ein im Februar 2017 veröffentlichter satirischer Artikel der „Tageszeitung", zu dem die Behauptung von „Demogeld" wie auch ein Organigramm mit angeblichen Institutionen wie Antifa GmbH und Antifa-Gewerkschaft gehört, wurde von vielen Rechtsextremen ernst genommen.

>Flugblatt
>Demonstration
>Kundgebung
>Generalstreik
>Aufstand

>Attentat
>Bürgerkrieg
>Ironie

Anarchismus

Anarchistische Aktivisten, Bewegungen und Parteien streben eine Gesellschaft ohne Herrschaftsstrukturen und Hierarchien an. Historische Wurzeln liegen im 19. Jahrhundert, Autoren wie Michail Bakunin und Peter Kropotkin stehen dafür. In der Literatur werden diverse Ausprägungsformen und Zielstellungen unterschieden, ebenso Überschneidungen mit Pazifismus oder Feminismus oder zur Gewerkschaftsbewegung im Anarchosyndikalismus.

Ernsthafte Versuche zur Umsetzung eines anarchistischen Gesellschaftsmodells in größerem Maßstab hat es nie gegeben, aber „Insellösungen" in Form von Kommunen, besetzten Immobilien und Betrieben oder fiktiven Staaten.
>Genossenschaften
>Lebensweise
>Selbsthilfe
>Staat gründen

Antikapitalismus

Seit der Herausbildung der kapitalistischen Produktionsweise gibt es Widerstand. Er kam von verschiedenen Seiten. Traditionelle Handwerker und ihre Standesvertretungen, die Gilden und Zünfte, sahen ihre Existenzgrundlage bedroht, so wie der Adel um seine politische Macht bangte. Doch auch die Opfer der Industrialisierung lehnten sich auf. Ein Ausdruck war die anarchistische Maschinenstürmerei, ein anderer die Verklärung des Mittelalters in der Romantik. Im frühen 19. Jahrhundert kamen utopisch-sozialistische Experimente hinzu, u.a. von Henri de Saint-Simon, Charles Fourier und Robert Owen.

Karl Marx und Friedrich Engels gaben den Bemühungen zur Emanzipation der Arbeiter ein theoretisches Gerüst. Sie hatten aber keine antikapitalistische Haltung, betonten vielmehr, dass eine sozialistische Gesellschaft einen hochentwickelten, produktiven Kapitalismus zur Voraussetzung habe.

Waren die frühen Gründungen sozialistischer Parteien auf eine Überwindung des Kapitalismus ausgerichtet, so orientierte sich

die Sozialdemokratie im frühen 20. Jahrhundert auf eine Verbesserung der Arbeits- und Lebensbedingungen der Arbeiter innerhalb des kapitalistischen Wirtschaftssystems, was zur Entstehung
radikalerer Parteien und Bewegungen führte.

Die sozialistischen Länder, angefangen mit Sowjetrussland,
bauten nichtkapitalistische Wirtschaftssysteme auf. Die marxsche
Vorstellung einer solidarischen, emanzipierten Gesellschaft wurde
durch die antidemokratischen politischen Systeme bis hin zum
stalinistischen und maoistischen Terror pervertiert und auf lange
Zeit diskreditiert.

Heute hat der Kapitalismus die Potenz „alle Springquellen des
gesellschaftlichen Reichtums" fließen zu lassen, wie Marx es aus-
drückte, schon lange überreizt und gefährdet mit der ungebrems-
ten Ausbeutung von Ressourcen den Fortbestand der Menschheit.
Dennoch erscheint eine Überwindung auf revolutionärem Wege
gegenwärtig als unrealistisch. Antikapitalismus wirkt heute vor
allem in Wirtschaftsformen, die das Prinzip der Warenwirtschaft
wirksam unterlaufen, die dem Leistungszwang entgegen stehen
wie Bedingungsloses Grundeinkommen sowie Bewegungen, die
eine verstärkte Kontrolle des Großkapitals anstreben.

>Alternative Ökonomie
>Aufstand
>Bartering
>Besetzung
>Bewegung
>Boykott
>Gardening
>Generalstreik
>Partei gründen
>Shareconomy
>Streik
>Revolution
>Verzicht

Antimilitarismus/Pazifismus

Seit es soziale Schichtungen gibt, existieren Kriege. Zwar ist in
manchen Religionen der Gedanke eines friedlichen, gewaltfreien
Umgangs miteinander angelegt, doch ist der Pazifismus als Bewegung und Begriff ein noch nicht so alter Gedanke, er verbreitete

sich erst im frühen 20. Jahrhundert. Er geht über den individuellen Verzicht auf Gewalt hinaus, will Kriege generell verhindern.

Nach den Erfahrungen von zwei Weltkriegen erfuhr die Friedensbewegung in der zweiten Hälfte des 20. Jahrhunderts einen starken Aufschwung, unter anderem in der britischen Campaign for Nuclear Disarmament, den Aktionen gegen den Vietnamkrieg in den 1960er Jahren und dem Widerstand gegen die erneute Aufrüstung in Europa in den 1980ern. Doch auch gegen den Dritten Golfkrieg 2003 gab es weltweite Proteste.

Anscheinend überwiegt heute zumindest in demokratisch strukturierten Gesellschaften die Haltung, Kriege als Mittel der Politik abzulehnen. Durch die „asymmetrische Kriegsführung" mit Cyber War, Drohnenangriffen und anderen ferngelenkten Methoden wird der Kampf dagegen aber immer schwieriger.

>Befehlsverweigerung
>Blockade
>Demonstration
>Desertieren
>Flugblatt
>Generalstreik
>Journalismus
>Kundgebung
>Meuterei

Feminismus/Frauenbewegung

Es soll matriarchalische Gesellschaften gegeben haben. Doch die Geschichte der Menschheit ist bis in die Gegenwart durch das Patriarchat geprägt.

Auch wenn es seit der Antike immer wieder Frauen gab, die Wege fanden, sich in der Männergesellschaft durchzusetzen und auch Machtpositionen erreichten, ist die organisierte Frauenbewegung erst seit dem frühen 20. Jahrhundert aktiv und die wirkliche Emanzipation nach wie vor kein abgeschlossener Prozess.

Frühe Erfolge waren das passive und aktive Wahlrecht. Doch in der BRD brauchten Frauen noch bis 1962 die Erlaubnis des Gatten, ein Bankkonto zu eröffnen, und bis 1977 die Zustimmung zu einer beruflichen Tätigkeit. In der DDR waren solche Beschränkungen zwar aufgehoben, dennoch war es eine männerdominierte Gesellschaft.

Schon lange ist ein Kernthema des Feminismus auch die Selbstbestimmung über den Körper, sowohl gegen sexuelle Belästigung und Vergewaltigung wie auch beim Recht auf Schwangerschaftsabbruch. Mit der weltweiten #meetoo-Kampagne hat dies einen neuen Höhepunkt erlangt, doch es gibt auch Rückschläge wie etwa das weitestgehende Abtreibungsverbot in Polen.

Der heutige Feminismus ist sehr differenziert und von anderen Diskursen wie dem Antirassismus überlagert, es gibt auch interne Auseinandersetzungen vor allem im Rahmen der sogenannten Identitätspolitik.

>Demonstration
>Hashtag
>Kundgebung
>Journalismus
>Politically Correctness
>Soziale Medien
>Slut Walk
>Sprache
>Streik
>Ziviler Ungehorsam

Gewerkschaften

Gewerkschaften stehen zwar in der Nachfolge von Zünften und Gilden, sind aber Interessenorganisationen von Arbeitern und Angestellten, also nicht den Unternehmern wie die alten berufsständischen Vereinigungen. Gewerkschaften im modernen Sinne haben sich im 19. Jahrhundert herausgebildet und standen überwiegend in enger Verbindung zur Sozialdemokratie. Es gibt aber auch christliche, sich als unabhängig bezeichnende und rechte Gewerkschaften.

Ihr traditionelles Anliegen sind Lohnverhandlungen, die Verbesserung von Arbeitsbedingungen und Mitbestimmung der abhängig Beschäftigungen im Unternehmen, manchmal auch die Verhinderung von Entlassungen und Schließungen. Zumeist beziehen sich die Aktionen auf eine Branche oder ein einzelnes Unternehmen, selten sind gesamtgesellschaftliche Anliegen im Blickfeld von Gewerkschaften und ihrer Zusammenschlüsse.

>Besetzung
>Blockade

>Demonstration
>Flugblatt
>Kundgebung
>Mahnwache
>Streik

Genossenschaften

Auch wenn die Geschichte der Genossenschaften bis in das Mittelalter zurückreicht, sind Genossenschaften im heutigen Verständnis um die Mitte des 19. Jahrhunderts entstanden, zuerst in England, wenig später auch in Deutschland und anderen Ländern. Sie sind Zusammenschlüsse zur selbstbestimmten und selbstorganisierten Produktion, des Konsums und Wohnens. Zwar sind sie in ihren Anfängen antikapitalistisch ausgerichtet gewesen, doch haben sich die traditionellen Genossenschaften in die Warenwirtschaft integriert. Es gibt aber aktuelle Ansätze, neue Genossenschaften im Sinne einer alternativen Ökonomie zu nutzen.
>Alternative Ökonomie
>Selbsthilfe

Identitätspolitik

Im Grunde genommen sind Feminismus, antirassistische Bewegungen und die Organisationen von Lesben und Schwulen und anderen Minderheiten seit vielen Jahrzehnten eine Art von Identitätspolitik. Doch der Begriff hat in den letzten Jahren im Umfeld der Politically Correctness Konjunktur. Gemeint ist die Konzentration auf partikulare Interessen zu Lasten einer universellen Emanzipation, wodurch eine Entsolidarisierung und ein Ausschluss potentieller Verbündeter stattfindet. In der Zuspitzung führt es zur Cancel Cultur und der existentiellen Vernichtung vermeintlicher Gegner.
>Boykott
>Canceln
>Journalismus
>Kunst
>Politically Correctness
>Shitstorm
>Soziale Medien
>Stören von Veranstaltungen

Ökologie- und Klimabewegung

Als fernen Vorläufer der Ökologiebewegung kann man die Romantik im frühen 19. Jahrhundert ansehen, die aber in Opposition zur Industrialisierung das Mittelalter verklärte. Moderne Umweltschutzorganisationen sind im 20. Jahrhundert entstanden, manche Reformbewegungen vor dem Ersten Weltkrieg kann man schon dazu rechnen.

Herrschte nach 1950 noch eine gewisse Fortschrittseuphorie mit einem unkritischen Verhältnis zu Atomkraft und Raumfahrt vor, setzte um 1970 Ernüchterung ein. Die Folgen der Industrialisierung waren nicht mehr zu übersehen. Bereits 1972 warnte der Zusammenschluss von Wissenschaftlern „Club of Rome" vor den „Grenzen des Wachstums". Zeitgleich entstanden weltweit Basisbewegungen für Ökologie, die in vielen Ländern zur Gründung grüner Parteien führten, in der BRD 1980. Greenpeace hingegen ist eine internationale Organisation, die mit außerparlamentarischen und teils radikalen Mitteln Konzerne und staatliche Organisationen angreift.

Seit den 1990er Jahren hat die UNO diverse Umweltkonferenzen auf staatlicher Ebene organisiert, die zum Teil auch zu Vereinbarungen führten. Die realen Fortschritte aber sind bescheiden.

Eine neue Stufe der Bewegungen für Umwelt- und Klimaschutz ist Fridays for Futures, von der schwedischen Schülerin Greta Thunberg initiiert, die zu ähnlich ausgerichteten Organisationen vor Scientists for Future und weltweiten Klimastreiks geführt hat und mit Extiction Rebellion einen radikalen Ableger für direkte Aktionen fand. Andere Aktionen finden auf lokaler Ebene statt, wie etwa der Kampf um gefährdete Waldgebiete und Ökotope.

>Aktionskunst
>Besetzung
>Bewegung
>Boykott
>Direkte Aktion
>Großplakate
>Mahnwache
>Partei gründen
>Shitstorm
>Soziale Netzwerke
>Schulstreik

>Streik
>Ziviler Ungehorsam

Reformbewegungen

Reformationen und reformierend ausgerichtete Möchsorden gab
es zwar schon im Mittelalter und der frühen Neuzeit, die Blüte
der Reformbewegungen war allerdings im frühen 20. Jahrhundert.
Querverbindungen zur unterdessen reformistisch ausgerichteten
Sozialdemokratie gab es nur partiell, vor allem bei den Woh-
nungs- und Konsumgenossenschaften.

Die meisten Reformansätze betrafen nur bestimmte Teilbereiche
des Lebens. In der Bildung versuchten Rudolf Steiner und Maria
Montessori neue Ansätze, die bis heute nachwirken. Diverse
Bewegungen propagierten eine gesunde Lebensweise mit Sport,
vegetarischer Ernährung, Homöopathie und Freikörperkultur.
Nicht selten gab und gibt es dabei Beziehungen zur Esoterik.

Gesellschaftlich wirksamer waren die sogenannte Heimatschutz-
bewegung zur Bewahrung regionaler Traditionen, welche von
der Industrialisierung bedroht wurden, und die damit teilweise
verbundene Blüte der Wohnungsbaugenossenschaften.
>Alternative Ökonomie
>Gardening
>Lebensweise
>Selbsthilfe

Sozialismus/Kommunismus

Den Traum einer Gesellschaft von Individuen, die nicht nur recht-
lich, sondern auch ökonomisch gleichgestellt sind, gibt es seit
Existenz der Klassengesellschaften, zumeist in Form von Utopien.
Reale Versuche wurden entweder niedergeschlagen oder schei-
terten an internen Widersprüchen wie das Wiedertäuferreich von
Münster in den 1530er Jahren.

Im frühen 19. Jahrhundert kam der Utopische Sozialismus auf,
der nicht nur programmatische Schriften hervorbrachte, sondern
auch reale Reformversuche wie New Lanark von Robert Owen. Karl
Marx und Friedrich Engels, aber auch andere Autoren und Aktivisten entwickelten in der zweiten Hälfte des 19. Jahrhunderts
differenzierte Theorien des Sozialismus, teilweise mit anarchistischen Elementen. Zeitgleich entstanden in den entwickelten

Industriestaaten sozialistische Parteien, die sich zur Internationale zusammenschlossen.

Das frühe 20. Jahrhundert ist gekennzeichnet von der zunehmenden Spaltung in reformistischen und revolutionäre sozialistische Bewegungen. Mit der Oktoberrevolution 1917 in Russland und der Novemberrevolution in Deutschland ein Jahr später verfestigte sich dieses Schisma, das nicht nur in Deutschland in den 1920er Jahren den Aufstieg der radikalen Rechten ermöglichte.

Nach 1945 entstand in den von der Sowjetunion besetzten osteuropäischen Ländern, aber auch in China, Nordkorea, Nordvietnam und Jugoslawien ein Block sozialistischer Staaten. Diese waren aber nicht nur durch eine verstaatlichte antikapitalistische Wirtschaft geprägt, sondern auch durch antidemokratischen Totalitarismus, der in der Sowjetunion, China und Kambodscha zu Völkermord an der eigenen Bevölkerung führte, aber auch in den anderen Ländern zu Repressionen.

Die Idee des Sozialismus und Kommunismus wurde durch diese Perversionen dauerhaft diskreditiert. Dies ist um so tragischer, dass sich der gegenwärtige globale Kapitalismus als eine Gefahr für das Überleben der Menschheit erweist.

>Bewegung
>Partei gründen
>Revolution
>Utopie

Der Autor

Jens Kassner wurde 1961 in der ostsächsischen Region Oberlausitz geboren. Er studierte in Leipzig Politikwissenschaft und promovierte als Kunsthistoriker.

Heute ist er als Journalist und Buchautor tätig und wohnt in Leipzig.

www.jens-kassner.de

Ausgewählte Literatur

Ben Mhenni, Lisa: Vernetzt euch! Berlin: Ullstein 2011
Benz, Sandra; Warter, Vera: Protest – Handbuch für erfolgreiche Demonstrationen, Attacken und Aktionen. Eigenverlag 2010
Bloch, Ernst: Werkausgabe Band 5. Das Prinzip Hoffnung. Frankfurt a.M.: Suhrkamp 1985
Dusini, Matthias; Edlinger, Thomas: In Anführungszeichen. Glanz und Elend der Political Correctness. Berlin: Suhrkamp 2012
Fourest, Caroline: Generation Beleidigt. Von der Sprachpolizei zur Gedankenpolizei. Über den wachsenden Einfluss linker Identitärer. Berlin: Tiamat 2020
Hessel, Stéphane: Empört euch! Berlin: Ullstein 2011
Jetzt reicht's aber. Thema Protest. Zeitschrift Fluter. Hg. von der Bundeszentrale für politische Bildung. Heft 40. Bonn 2011
Krasny, Elke (Hg.): Hands-On Urbanism 1850-2012. Wien: Turia + Kant 2012
Morus, Thomas: Utopia. Leipzig: Reclam 1985
Ruch, Philipp: Wenn nicht wir, wer dann? Ein politisches Manifest. München: Ludwig 2015.
Protest. Brauchen wir den Aufstand? Zeitschrift Die Epilog Nr. 3, Januar-März 2014. Weimar: Mads Pankow 2014
Street Art. Die Stadt als Spielplatz. Berlin: Archiv der Jugendkulturen 2006
Unsichtbares Komitee: Der kommende Aufstand. Hamburg: Nautilus 2010

Außerdem wurden diverse Internetseiten und Zeitungs- bzw. Zeitschriftenartikel zur Recherche benutzt.

Inhalt